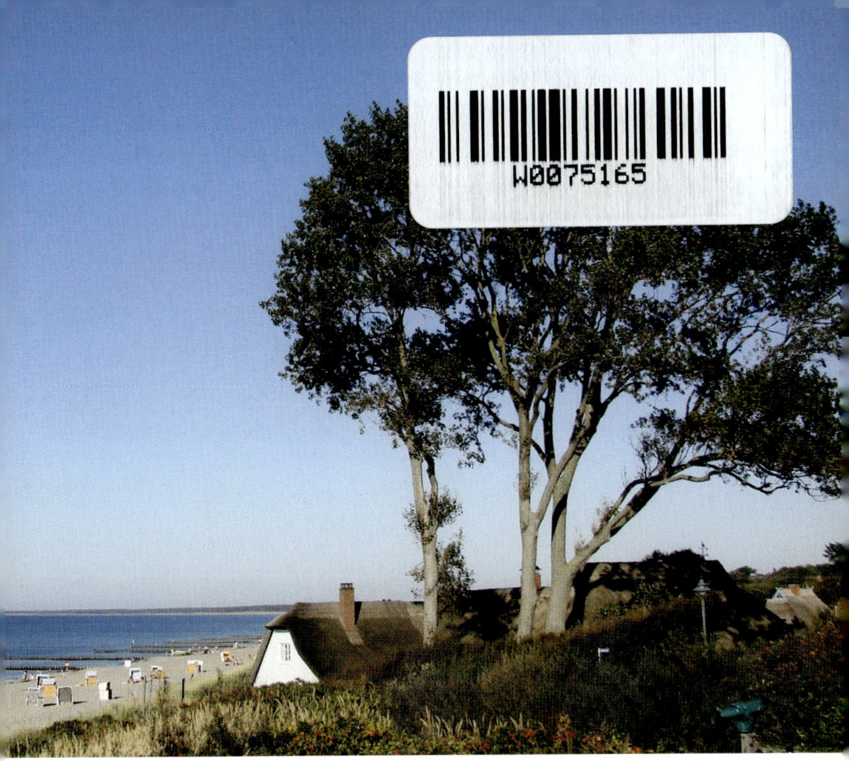

Maja Kunze

Fischland
Darß
Zingst

Mit Graal-Müritz

Inhalt

Touren   120

PREISANGABEN BEI ÜBERNACHTUNGEN
A = Hauptsaison
B = Nebensaison

ABKÜRZUNGEN
DZ   Doppelzimmer
DZ/F   Doppelzimmer mit
        Frühstück
FeWo   Ferienwohnung
App.   Appartement

KARTENSYMBOLE

🛈 Touristeninformation

■ ✹ Besonderes Gebäude,
      Sehenswürdigkeit

✺ Strand

❊ Aussichtspunkt

✝ Kirche

Ⓟ Parkplatz

Ⓑ Geldinstitut, Bank

Ⓣ Tankstelle

Ⓗ Haltestelle

✲ Leuchtturm

⚓ Hafen

Fischland-Darß-Zingst
erleben

Urlaub auf „dem Darß"

Wer viel ursprüngliche Natur, pittoreske Dörfer, lange Strände auf der einen, abgeschiedene Boddenidylle auf der anderen Seite sucht, der ist auf Fischland-Darß-Zingst richtig. Weil der Dreifachname etwas umständlich ist, spricht man oft vom „Darß", auch wenn die ganze Halbinsel gemeint ist.

Dabei bezeichnet Darß eigentlich nur den mittleren, größten Teil. Wie immer man es damit halten mag – die Reise lohnt sich auf jeden Fall, denn die Halbinsel ist ein Naturidyll ganz besonderer Art. Durch die Lage zwischen Meer und (Salzwasser-)Bodden fühlt man sich schnell wie auf einer „richtigen" kleinen Insel.

Einmal angekommen, kann man übrigens sein Auto stehen lassen, und Fischland, Darß und Zingst mit dem Rad oder zu Fuß erkunden. Gut ausgebaute Routen laden dazu ein. Auf diese Weise lässt sich zum Beispiel die vielfältige Waldvegetation des Darßwaldes entdecken: Sumpfgebiete, Fichten, Lärchen, Roterlen und bizarr geformte Weidbuchen. Oder man wandert zum naturbelassenen Weststrand, an dem man sich (fast) wie Robinson fühlen kann.

Was es nicht gibt auf Fischland, Darß und Zingst: mondäne Seebäder mit schicken Promenaden und ausgiebigem Nachtleben – auch wenn das Ostseebad Zingst sich Mühe gibt, hier aufzuholen. Auch große Hotels gibt es nur wenige. Der typische „Darß"-Besucher wohnt im Ferienhaus oder in der Ferienwohnung.

Verträumt wirken die beiden Städtchen Ribnitz-Damgarten und Barth auf dem Festland. Beide haben renovierte Altstadtkerne und sind sowohl auf dem Wasser- wie auf dem Landweg gut zu erreichen. Viel Natur gibt es auch rund um das Seebad Graal-Müritz. Vom Fischland nur eine Strandwanderung entfernt, grenzt der Ort an die waldreiche Rostocker Heide.

Strandkörbe in Wustrow

Geografie

Kilometerlange Sandstrände, schroffe Steilküsten, schilfumkränzte Boddenbuchten, weite Wiesen und dichter Wald: Die Halbinsel Fischland-Darß-Zingst ist ein Naturidyll. Eingebettet in die Landschaft zwischen Meer und Bodden liegen schöne Seebäder und schmucke Fischerdörfer.

Fischland-Darß-Zingst erstreckt sich über eine Länge von 60 Kilometern vor der Küste zwischen Ribnitz-Damgarten im Westen und dem „Grabow" genannten Bodden im Osten. Stellenweise ist die Halbinsel nur einen halben Kilometer breit. Ursprünglich waren Fischland, Darß und Zingst eiszeitliche Inselkerne, die durch Verlandung zusammenwuchsen. Hieraus erklärt sich auch der Dreifachname (▸ Seite 10).

Von der Eiszeit geprägt und unablässig Wind und Meer ausgesetzt, findet sich auf Fischland-Darß-Zingst eine der vielseitigsten Küstenlandschaften Deutschlands. Die schmale Landzunge bietet eine einmalige Mischung aus Flach- und Steilufern, Stränden und Dünen, Buchten, Nehrungen, Wäldern und Wiesen. Die flachen Boddengewässer säumen dichte Schilfgürtel, in denen zahlreiche Vogelarten Schutz finden. Auf den vorgelagerten Inseln und Salzgraswiesen findet alljährlich im Frühjahr und Herbst ein Naturschauspiel der besonderen Art statt: Rund 45 000 Kraniche und viele andere Zugvögel machen dann auf ihrem Fug nach Süden oder Norden hier Rast. Damit dieses Naturschauspiel in seiner Ursprünglichkeit erhalten bleibt, wurde 1990 der Nationalpark Vorpommersche Boddenlandschaft eingerichtet (▸ Seite 14). Im Nationalpark dürfen bestimmte Flächen nicht betreten werden. (Naturbeobachtungs-)Orte wie Pramort sind nur zu Fuß oder mit dem Fahrrad zu erreichen.

Neben der ursprünglichen Natur bieten 60 km lange, weiße Sandstrände viel Platz für Sonnen- und Badehungrige. Da die Strände flach abfallen, sind sie ideal für Kinder. Die ruhigeren, knapp 200 qkm großen Boddengewässer bieten beste Voraussetzungen für Segeln, Tauchen und Surfen.

Viele Jahrhunderte waren Fischland, Darß und Zingst Heimat von Fischern und Seefahrern. Bis heute prägen reetgedeckte Fischerkaten, die meist in satten, bunten Farben gestrichen sind, sowie Kapitänshäuser mit bunt bemalten Türen die Orte. Ende des 19. Jahrhunderts entdeckten Künstler den malerischen Küstenabschnitt. Kurz darauf kamen auch die ersten Badegäste. Heute ist der Tourismus zur wichtigsten Einnahmequelle geworden. Dabei ist Fischland-Darß-Zingst ein Ziel für naturnahe Ferien geblieben. Neben Badegästen und Wassersportlern kommen besonders Wanderer und Radfahrer auf dem gut ausgebauten Wegenetz auf ihre Kosten.

Eine Besonderheit der Region sind die Zeesenboote: Ursprünglich für den Fischfang in den flachen Boddengewässern gebaut, schippern die majestätischen Holzboote mit ihren rostbraunen Segeln heute vor allem Besucher durch die idyllische Boddenlandschaft (▶ Seite 22).

Hohes Ufer bei Ahrenshoop

Die Entstehung der Halbinsel

Die Insellandschaft Fischland-Darß-Zingst begann sich vor etwa 10 000 Jahren zu formen, als die gewaltigen Gletscher der letzten großen Eiszeit abschmolzen. Beim Abtauen lagerten die Eismassen Geröll und Gesteinsblöcke ab und bildeten Abflussrinnen wie das Recknitztal südlich von Ribnitz-Damgarten. Zurück blieb eine abwechslungsreiche Landschaft, durchzogen von Grund- und Endmoränen. Später stieg der Meeresspiegel, überflutete die Küstengebiete und ließ Erhebungen zu Inselkernen werden: Zu diesen zählten im Westen die Moräneninsel **Hohes Fischland**, im Osten der **Altdarß** sowie die flachen Inseln **West- und Ostzingst**.

Fischland lag zu dieser Zeit noch doppelt so hoch über dem Meeresspiegel wie heute. Doch an seiner Außenküste wirkte die Kraft von Wind und Wasser. Sand, Ton und Kies von Strand und Steilufer wurden im Lauf der Jahrtausende abgetragen, wanderten mit der Strömung entlang des Ufers und lagerten sich schließlich an den nordöstlichen Rändern als Sandbänke und Sandhaken wieder an. Innerhalb vieler Jahrhunderte verlandeten die Durchlässe zwi-

Nordspitze vom Darß: Darßer Ort

schen den Inseln und aus **Fischland** und **Darß** wurde im 15. Jahrhundert eine Halbinsel. Die Insel **Zingst,** durch die Mündung des Prerowstroms noch abgetrennt, kam erst 1872 durch Sandlawinen infolge eines Sturmhochwassers hinzu. Der Bereich zwischen den Inselkernen und der eigentlichen Festlandküste wurde so fast völlig vom offenen Meer abgeschnitten – die **Bodden** entstanden.

Heute sind die Außenküsten von Fischland, Darß und Zingst vollständig zusammengewachsen. Doch die Küstenlandschaft verändert sich weiter. So verliert das Fischland jedes Jahr durch Abtragungsvorgänge einen halben Meter seiner Küste. Ohne Küstenschutz in Form von Buhnen, Steinwällen und Deichen oder der Bepflanzung der Stranddünen mit Strandhafer wären die schmalen Stellen der Nehrungen zwischen Dierhagen und Wustrow sowie zwischen Ahrenshoop und dem Altdarß längst durchbrochen. Im Gegenzug zum Landverlust wächst die Dünenlandschaft zwischen Darßer Ort und Prerow durch Sandanlandung jährlich um etwa zehn Meter (▶ Seite 62). Das östliche Ende von Zingst bestimmen Sandhaken: ein einmaliges Schauspiel von Werden, Wachsen und Vergehen.

Pflanzen & Tiere

Fischland-Darß-Zingst, das abwechslungsreiche Land zwischen Meer und Bodden, zählt zu den wenigen urwüchsigen Naturlandschaften Mitteleuropas: Auf engstem Raum findet sich hier die ganze Vielfalt des südlichen Ostseeraumes. So säumen die Halbinsel im Westen Steilufer und flache Strände, die im Norden in mächtige Sanddünen übergehen. Den Süden prägen schilfumkränzte Boddenbuchten mit vorgelagerten Salzgrasinseln, dazwischen liegen Wälder, Moore, Heiden und Wiesen. Im Herzen der Halbinsel erhebt sich der 50 qkm große Darßwald (► Seite 60), der einschließlich großer Teile der Boddengewässer seit 1990 zum **Nationalpark Vorpommersche Boddenlandschaft** (► Seite 14) gehört. In ihm haben viele Tiere ihre Heimat, die in anderen Regionen ausgestorben sind oder äußerst selten vorkommen: **Seeadler, Schwarzstorch, Fischotter** und **Hermelin, Schlingnatter** und **Kreuzotter,** um nur einige von ihnen zu nennen. Die Meeressäuger der Ostsee wie **Robben** und **Seehunde** können mit Glück und **Schweinswale** mit äußerst viel Glück gesichtet werden.

Im Mischwald sind ca. 20 Baumarten heimisch. Eine Besonderheit ist die an feuchteren Stellen vorkommende **Stechpalme (Ilex)**. Hier wachsen auch viele **Orchideenarten** wie Frauenschuh und Purpurknabenkraut, die genauso geschützt sind wie der seltene Sonnentau in sumpfigen Gegenden. Dort wo Wald und Dünen ineinander übergehen, wachsen **Strandhafer** und **Strandnelke,** zudem die vom Aussterben bedrohten Pflanzen **Meerkohl** und **Stranddistel.** Das landschaftliche Highlight aber ist der an den Darßwald angrenzende urwüchsige Weststrand (► Seite 81). Der weiße Sandstreifen ist durch Einflüsse von Stürmen und Brandung geprägt. Eindrucksvoll sind die auf den Dünen thronenden windschiefen Rotbuchen, auch **Windflüchter** genannt, denen raue Westwinde zu ihrer Form verholfen haben.

Eine weitere Besonderheit stellen die Sundischen Wiesen, die Werderinseln und das Windwatt im Ostteil des Zingst dar. Die charakteristischen **Wattflächen** und **Salzwiesen** sind ein idealer Lebensraum für Salzpflanzen sowie **Wasser- und Watvogelarten.** Im Frühjahr und Herbst bietet sich ein faszinierendes Schauspiel, wenn zehntausende **Kraniche** auf ihrer Zugroute hier einen Schlafplatz finden (► Seite 137). Die Vogelschutzinseln Kirr und Oie im Barther Bodden bilden den Lebensraum für Brutvögel der Salzwiese wie **Zwergmöwe, Uferschnepfe, Kampfläufer** oder **Löffelente.** In den breiten Röhrichten am Ufer (ein Röhricht ist ein Biotop, das bestimmte Arten von Flachwasser- und Uferpflanzen beherbergt) brüten viele versteckt lebende Vögel wie **Rohrsänger** und **Rohr-weihe.** In den angrenzenden flachen, von der Ostsee abgetrennten Boddengewässern leben über **40 verschiedene Fischarten.** Zu ihrem Schutz ist der Fang heute nur noch in festgelegten Zonen mit traditionellen Stellnetzen und Reusen gestattet.

Sanddorn

Der dornige Strauch mit den orangeroten Früchten wächst vielerorts auf dem sandigen Boden am Rand der Ostseedünen. Dank des hohen Vitamin-C-Anteils wird Sanddorn auch als „Zitrone des Nordens" bezeichnet. Allerdings enthalten Sanddornbeeren bis zu viermal soviel Vitamin C wie Zitronen. Den Sanddornfrüchten wird eine gesundheitsfördernde und schützende Wirkung zugeschrieben: So sollen sie unter anderem entzündungshemmend wirken und den Cholesterinspiegel senken. Der Strauch blüht von März bis Mai. Die Ernte, das so genannte Melken, bei dem der Saft durch ein mühseliges Verfahren direkt am Strauch gepresst wird, erfolgt im Herbst. Aus der Vitaminbombe werden Säfte, Nektar, Tee, Marmeladen und sogar Hochprozentiges zubereitet. Der herbe und leicht säuerliche Geschmack ist allerdings gewöhnungsbedürftig.

Nationalpark Vorpommersche Boddenlandschaft

Der 1990 noch von der DDR-Regierung eingerichtete National-park Vorpommersche Boddenlandschaft ist mit einer Fläche von 805 qkm der **größte Ostsee-Nationalpark.** Er umfasst ausgedehnte Flachwasser- und Küstenbereiche zwischen Darß, Zingst, Hiddensee und der Westküste Rügens. Der größte Teil besteht aus 651 qkm Wasserfläche. Landflächen nehmen im Vergleich nur einen geringen Anteil von 118 qkm ein. Dazu kommen diverse landschaftliche Besonderheiten wie **Windwatte, Küstenüberflutungsmoore** und **Salzwiesen,** stellenweise säumen breite **Brackwasserröhrichte** die Boddenufer. **Sandhaken, Dünen** und **Strandwälle** sowie der sichtbar auf einer Strandwalllandschaft entstandene **Darßwald** gehören zu den verschiedenen Ökosystemen, die ideale Lebensräume für unzählige Tiere und Pflanzen sind. So hat der Nationalpark neben seiner einzigartigen Vegetation auch als **Vogelschutzgebiet** große Bedeutung. Bemerkenswert ist die Zahl an Seehunden, Robben und Schweinswalen.

Die Erhaltung, Pflege und Wiederherstellung der Leistungsfähigkeit des Naturhaushaltes – und diese dem Menschen erlebbar zu machen – ist Anliegen der Schutzmaßnahme. Dazu wurde der Nationalpark in zwei Schutzklassen untergliedert. Gebiete, die

Fischdieb im Anflug

Teile des Darßer Strandes werden besonders geschützt

schon heute einen naturnahen Zustand aufweisen, wurden als **Schutzzone I,** so genannte **Kernzonen,** ausgewiesen – alle anderen vorerst als **Schutzzone II.** Während die Kernzonen vollständig den Launen der Natur überlassen werden, soll in den anderen Gebieten durch naturverträgliche Wirtschaftsweisen langfristig die natürliche Entwicklung der Landschaften gefördert oder durch spezielle Pflegeformen in ihrem jetzigen Zustand erhalten bleiben. In der Schutzzone I dürfen die ausgewiesenen Wege nicht verlassen werden. Hunde müssen übrigens im gesamten Nationalpark an die Leine, damit seltene Tiere nicht aufgeschreckt werden.

Die Nationalparkverwaltung befindet sich in Born. Die **Informationszentren** in Born, der Sundischen Wiese, in Wieck (Darßer Arche) sowie das Natureum am Leuchtturm Darßer Ort veranschaulichen die naturkundlichen Besonderheiten und bieten öffentliche Führungen an. Zudem hat die Nationalparkverwaltung viele Kilometer **ausgeschilderte Rad- und Wanderwege** eingerichtet sowie mehrere Bohlenstege und **Besucherplattformen,** die dazu einladen, die Naturbesonderheiten zu erleben.

Geschichte

■ Um 5000 v. Chr.

Der Meeresspiegel steigt durch das Abschmelzen des skandinavischen Festlandgletschers. Die Grundmoränenlandschaft wird überflutet, aus Erhebungen entstehen die Inselkerne Fischland, Darß und Zingst.

■ Um 4000 v. Chr.

Jäger und Sammler der mittleren Steinzeit ziehen in der Gegend um Dierhagen, Fischland und Altdarß umher. Das belegen viele Beile, Pfeilspitzen und andere Feuersteinwerkzeuge, die dort gefunden wurden.

■ Um 3500 v. Chr.

Zahlreiche Funde aus der Jungsteinzeit zeigen, dass der eiszeitliche Kern des Fischlandes um den heutigen Ort Wustrow schon früh durch germanische Stämme besiedelt war, vermutlich als einziger Ort der gesamten Halbinsel.

■ 375–800 n. Chr.

Die germanischen Stämme verlassen in der Zeit der Völkerwanderung das Land und ziehen in Richtung Süden. Slawische Stämme (Obotriten, Ranen und Wilzen) besiedeln die dünn besiedelte Region. Aus dieser Zeit datieren zahlreiche Wall- und Burganlagen, die teils noch rudimentär vorhanden sind wie die Hertesburg bei Prerow. Auch die Ortsnamen wie Wustrow, Prerow, Zingst, Ribnitz sind slawischen Ursprungs.

■ 9. bis 12. Jh.

Heinrich der Löwe unterwirft im 12. Jh. die Obotritenfürsten und erobert damit Mecklenburg. So beginnt die deutsche Besiedlung und Christianisierung des Fischlands und des Recknitztals. Waldemar von Dänemark zerstört 1168 die slawische Tempelburg bei Arkona auf der Insel Rügen und überlässt die Herrschaft über Darß, Zingst und das Barther Land den Slawen unter seiner Oberhoheit.

■ 13. Jh.

Mit der Festigung der deutschen Herrschaft setzt die Einwanderung deutscher Siedler ein. Neben den slawischen Orten werden deutsche

Siedlungen gebaut. Barth, Damgarten, Ribnitz und Marlow entstehen als Burgsiedlungen mit Märkten und großen, trutzigen Kirchen als Ausdruck neuer Macht und neuen Glaubens in der Zeit um 1250.

■ 1292
Zisterziensermönche kaufen von Wizlaw II. von Rügen die Insel Zingst, die sie daraufhin entwässern, roden und Ackerhöfe errichten. Die Erschließung zieht Siedler nach, in Prerow wird nach 1296 die erste Kirche gebaut.

■ 1325
Nach dem Tod von Wizlaw II. gehen die Ländereien von Barth, Darß und Zingst in den Besitz des Wolgaster Pommernherzogs. Dessen Erbstreitigkeiten mit dem Mecklenburger Fürstenhaus führten zu den Rügenschen Erbfolgekriegen. Als deren Ergebnis bekommen die Mecklenburger Darß und Zingst.

■ 14. Jh.
Mit Beginn des 14. Jahrhunderts bestimmen Handel, Seefahrt und damit auch Piraterie die Entwicklung. So setzt das mecklenburgische Herzoghaus bei den Stadträten von Rostock und Wismar trotz ihrer Zugehörigkeit zur Hanse durch, dass sie Kaperbriefe auf skandinavische Schiffe erlassen. Damit wird Piraterie legalisiert. Seeräuber nutzen die Bodden der Inseln als Unterschlupf, verkaufen in Ribnitz die erbeuteten Schätze und versorgen sich dort mit Proviant. Doch die Hanse rächt sich bitterlich: 1392 schlägt eine Stralsunder Flotte in der Ribnitzer See die adligen Piraten und richtet sie mitsamt ihren Mannschaften hin. Die Stadt Ribnitz wird bestraft, indem die Wasserläufe Permin (1394) und Loop (1400) verschlossen werden und so die Stadt ihre Seezugänge verliert.

■ Ab 1520
In Mecklenburg und Pommern verbreitet sich die lutherische Lehre. 1534 wird für Pommern und 1549 für ganz Mecklenburg der protestantische Glaube als Landesreligion eingeführt.

■ 17. Jh.
Während des Dreißigjährigen Krieges (1618–1648) werden Städte und Dörfer verwüstet, die Zahl der Bewohner sinkt um ein Drittel. Im Windschatten des Krieges wüten Pest und Hungersnot.

■ 1648–1815

Im Ergebnis des Westfälischen Friedens wird Vorpommern schwedisch. Die Halbinsel steht somit bis zur mecklenburgischen Grenze südlich von Ahrenshoop unter schwedischer Herrschaft. Mit der schwedischen Verwaltung setzt sich die Leibeigenschaft durch. Ribnitz und das Fischland kommen 1669 in den Besitz der mecklenburgischen Herzöge.

■ 18./19. Jh.

Die Segelschifffahrt entwickelt sich zum Haupterwerbszweig der Bewohner. Werften entstehen und bringen der Region einiges an Geld ein. So werden zum Beispiel in Prerow 1783 neben 2027 Leibeigenen auch 836 Freie gezählt – ein Ausdruck von relativem Wohlstand. Aus den vorher auf Landwirtschaft und Fischerei beschränkten Orten werden wohlhabende Schiffersiedlungen, was an den Kirchen und den Kapitänshäusern besonders in Wustrow und Born auch heute noch zu sehen ist.

■ 1815

Der Wiener Kongress beendet die schwedische Herrschaft. Die Inseln gehen an Preußen.

■ Ab 1870

Mit der Ablösung der Segelschifffahrt durch dampfgetriebene Schiffe bricht die Konjunktur der Inselschiffer zusammen. Viele See- und Schiffszimmerleute wandern nach Hamburg ab und lassen ihre Familien daheim. Um dem sinkenden Wohlstand entgegenzuwirken, beginnen die Bewohner in den Gründerjahren ihre Häuser Fremden zu öffnen. Die Stille und Unberührtheit der Region erweist sich hierbei als gute Voraussetzung für die Entwicklung des Badewesens. Das erste „Bade-Comité" wird in Prerow gebildet (1880), ein Jahr später auch in Zingst. Damen- und Herrenbäder werden getrennt voneinander errichtet. 1913 entsteht das erste Familienbad.

■ 1872

Eines der schwersten Sturmhochwasser der Geschichte fordert zahlreiche Menschenleben und verursacht verheerende Schäden in der ganzen Region. Als Folge versandet auch die letzte Verbindung zwischen Bodden und Ostsee, der Prerowstrom. Die Naturkatastrophe macht Schlagzeilen – der Bekanntheitsgrad der Region wächst und folglich auch die Besucherzahl.

■ 1910
Anschluss von Zingst und Prerow an das Eisenbahnnetz über die Meiningenbrücke nach Barth. Der Badetourismus boomt.

■ Ab 1937
Zingst wird Wehrmachtsstandort und KdF-Bad. Östlich der Gemeinde entsteht eine Garnison. In der Sundischen Wiese entstehen eine Flaklehreinheit und ein Bombenabwurfsgelände.
Der Zweite Weltkrieg bringt den Urlauberverkehr zum Erliegen.

■ 1945
Die Rote Armee besetzt das Gebiet. Es kommt zur Aufteilung des Großgrundbesitzes und zur Bildung des Landes Mecklenburg-Vorpommern (ab 1947 nur noch Mecklenburg genannt).
Die Darßbahnstrecke wird als Reparationsleistung entsprechend dem Potsdamer Abkommen demontiert. 1947 erfolgt die endgültige Einstellung des Bahnbetriebes.

■ 1952
Die DDR-Länder werden in Bezirke aufgeteilt. Die gesamte Halbinsel gelangt zum Bezirk Rostock.

■ ab 1950
Fortführung der touristischen Tradition unter verstaatlichtem Vorzeichen. 1953 werden in der „Aktion Rose" auf Betreiben der SED viele private Hotels und Pensionen enteignet und dem Gewerkschaftsbund FDGB zugeschlagen, der von nun an den Feriendienst dominiert.

■ ab 1960
In den 1960er-Jahren entsteht eine Vielzahl von Kinderferienlagern und Betriebsferienheimen.

■ 1990
Große Teile von Fischland-Darß-Zingst, des Bodstedter und des Barther Boddens werden zum Nationalpark erklärt. Die Renaturierung beginnt.

■ Ab 1990
Der Tourismus entwickelt sich zur Haupterwerbsquelle auf Fischland-Darß-Zingst. Neue Urlaubseinrichtungen, Hotels und Pensionen werden gebaut, Seebrücken entstehen.

Haus in Ahrenshoop

Kultur & Leben

Architektur

Die Geschichte von Fischland, Darß und Zingst ist die Geschichte von Fischerei, Seefahrt und Tourismus. Dies spiegelt sich auch in der Architektur wider. Über Jahrhunderte hinweg bauten sich die Bauern und Fischer schlichte, mit Schilfrohr (niederdeutsch Reet genannt) gedeckte Lehmfachwerkhäuser, die je nach Wohlstand des Hausherren mit Putz oder Backstein verblendet wurden. Die gebräuchlichste Form war das **Niederdeutsche Hallenhaus,** das wohl durch Siedler aus Niedersachen im 13. Jh. in die Region gebracht wurde. Diese bäuerliche Hausform zeichnet sich dadurch aus, dass Mensch und Tier, Gerätschaften sowie die Ernte unter einem Dach versammelt waren. Typisch sind die niedrigen Fachwerkwände, das hohe Rohrdach mit Giebel und ein großes Holztor. Nur noch wenige dieser Häuser sind im Original erhalten. Einige davon befinden sich heute im Freilichtmuseum Klockenhagen (▶ Seite 119).

Mit dem Wandel von der Bauernwirtschaft zur Seefahrt verbreitete sich ein neuer Haustyp. Die reetgedeckten Gebäude wurden nun mit der langen Seite zur Straße hin gebaut, wodurch die **Haus-**

türen in den Mittelpunkt rückten und mehr und mehr an Bedeutung gewannen. Demzufolge wurden diese Türen mit besonders aufwendigen Ornamenten gestaltet. Die Motive sind abwechslungsreich und haben unterschiedliche Hintergründe. Viele stehen in direktem Bezug zur Seefahrt oder kombinieren alte volkstümliche Motive mit klassizistischen Elementen. Oder der Schutz des Hauses vor unglücklichen Einflüssen wie Blitzschlag oder Zauberei steht im Mittelpunkt ihrer Gestaltung. So ist der Lebensbaum das Sinnbild für Lebensenergie, das Kreuz die Abwehr des Bösen und der Anker zeigt die Verbundenheit mit der Seefahrt, die aufgehende Sonne kennzeichnet eine glückliche Heimkehr der Seefahrer und der Lebensbaum sowie das Ei stellen Lebensenergie und den Ursprung des Lebens dar. Die Dächer werden von **Giebelzeichen** geziert, oft Pferdeköpfe, maritime Symbole oder Schmuckornamente.

Mit dem Wohlstand, den die Segelschifffahrt den Schiffern einbrachte, entstanden ab der Mitte des 17. Jahrhunderts die ersten **Kapitänshäuser.** Diese Häuser waren meist größer als die anderen Gebäude und zudem weiß gestrichen. Sie hatten ein voll ausgebautes Dachgeschoss und im Normalfall ein rotes Ziegeldach. Dadurch unterschieden sie sich deutlich sowohl von den blau gestrichenen Steuermannshäusern als auch von den reetgedeckten Lehmziegelbauten der ärmeren Dorfbevölkerung.

Zu Beginn des 20. Jh. erlebte die Halbinselkette einen wirtschaftlichen Aufschwung durch den Badetourismus. Architektonisches Kennzeichen hierfür sind meist weiße Hotel- und Pensionsbauten mit Holzbalkonen oder Glasveranden. Auch zahlreiche der Kapitänshäuser erhielten einen verglasten Vorbau.

Essen & Trinken

Eine althergebrachte Fischländer, Darßer oder Zingster Küche gibt es nicht. Die mecklenburgische Küche steht hierfür vielfach Pate und diese prägen bodenständige und deftige Gerichte, in denen sich die jahrhundertelange Armut des Landstrichs widerspiegelt. Dominiert wird die Speisekarte durch Fischgerichte in allen Variationen. Landestypisch ist der Räucherfisch direkt aus dem Räucherofen. Hinzu kommen dank der ausgedehnten Wälder Wildgerichte.

Ein Erbe der schwedischen Zeit ist die Vorliebe für das Süß-Saure, wie Grünkohl mit Rosinen, ein mit Honig und Backobst verfeinerter Braten oder Schmalz mit Apfelstücken. Deftiges wird auch nach dem Essen getrunken, Köm am liebsten, ein klarer Kümmelschnaps oder Bier, das meist aus heimischen Brauereien stammt.

Zeesenboote dienten früher dem Fischfang

Zeesenboote

In den Boddenhäfen von Fischland-Darß-Zingst können die historischen Zeesenboote (auch Zeesbote genannt) bestaunt werden. Typisch für die großen Holzboote sind die rostbraunen Segel. Die Farbe stammt von Fetten und Holzteer, womit die Segel getränkt und haltbar gemacht wurden. Bis in die 1950er-Jahre waren sie in der Küsten- und Boddenfischerei im Einsatz. Ihren Namen verdanken sie dem seitlich ausgeworfenen, großen Schleppnetz, der „Zeese", was im Altdeutschem „großer Sack" bedeutet. Das bis zu 25 Meter lange Netz wurde über den Bodden- und Küstengrund gezogen. Nur noch zwei Fischer haben das Recht, mit ihren Zeesenbooten diese besondere Art der Fischerei zu betreiben. Heute dienen die Zeesenboote vor allem touristischen Zwecken. Ein besonderes Schauspiel sind die Zeesenbootregatten, die alljährlich vor allem in Barth, Dierhagen, Wustrow, Born, Zingst und Ribnitz-Damgarten stattfinden. Dieser Brauch wurde 1965 von dem Bodstedter Eckhardt Rammin ins Leben gerufen, ohne dessen Engagement es heute vielleicht gar keine Zeesenboote mehr geben würde. Fast die Hälfte aller registrierten Boote können daher auch auf der ältesten Regatta in Bodstedt (▸ Seite 102) bewundert werden.

Tonnenabschlagen

Ein besonderes Volksfest ist das „Tonnenabschlagen", das alljährlich im Sommer in den Dörfern auf dem Fischland und Darß gefeiert wird. Dabei handelt es sich um einen Wettstreit zu Pferd, bei
dem eine Schar junger Reiter im vollen Galopp versucht, mit einem
Knüppel eine am Seil hängende Holztonne zu zerschlagen. Sieger
und somit „Tonnenkönig" ist, wer das letzte Stück der Tonne vom
Haken schlägt. Dieser Wettstreit, der viel Geschicklichkeit erfor-
dert, kann je nach Qualität des Fasses einige Stunden in Anspruch
nehmen. Vor dem Beginn des eigentlichen Festes begleiten Mu-
sikkapellen die Reiter mit ihren geschmückten Pferden beim Um-
zug durch den Ort. Am Abend wird der frisch gekürte Tonnenkönig beim Tonnenball feuchtfröhlich gefeiert. Zudem begleiten den
Wettkampf zahlreiche volkstümliche Aktivitäten wie Karussells,
Buden und Tanzdarbietungen, sodass sich das Tonnenabschlagen
zu einem beliebten touristischen Ereignis entwickelt hat.

Der Ursprung des Brauchs ist unklar. Eine These besagt, dass
das Tonnenabschlagen mit dem Abzug der Schweden im Jahr 1815
in Verbindung steht. Damit war die Zeit der Tribute, also auch der
Abgabe von Heringen in Holzfässern, zu Ende. Aus Freude darüber
sollen die Fischer die Heringsfässer zerschlagen und das bis heute
so beibehalten haben.

Im vollen Galopp zum Tonnenabschlagen

Feste & Veranstaltungen

Die Termine können von Jahr zu Jahr variieren, deshalb sollte man in den Kurverwaltungen nachfragen.

Dierhagen

Ostern: Osterfeuer
3. Wochenende im Juli: Zeesenbootregatta
4. Wochenende im Juli: Hafenfest
2. Samstag im August: Tonnenabschlagen

Wustrow

Ostersamstag: Fischländer Strandgalopprennen
Ende Juni: Sommersonnenfest
1. Samstag im Juli: Zeesenbootregatta
2. Wochenende im Juli: Tonnenabschlagen
letzter Samstag im Juli: Hafenfest
letztes Wochenende im August: Seebrückenfest bzw.
2010 Festwoche „775 Jahre Wustrow" (21.-29. August)
2. Samstag im September: Konzertreihe „Naturklänge"

Ahrenshoop

4. Wochenende im Juni: Jazz-Fest
3. Sonntag im Juli: Tonnenabschlagen
4. Wochenende im Juli: Strandfest
1. Samstag im August: Ahrenshooper Kunstauktion im Kunstkaten
3. Samstag im August: Lange Nacht der Kunst
3. Wochenende im September: Althäger Fischerregatta

Prerow

1. Januar: Neujahrstauchen und Anbaden
Ostern: Osterfeuer und Ostertauchen
1. Wochenende nach Himmelfahrt: Seebrückenfest
Juni: Mitsommernachtsfest
Letzter Samstag im Juli: Strandfest
4. Wochenende im Juli: Tonnenabschlagen
1. Wochenende im August: Hafenfest am Prerowstrom
Letztes Wochenende im August: Museumsfest

Born

Februar: Traditioneller Maskenball
3. Samstag im Februar: Fastnachts-Tonnenabschlagen
Anfang Juli: Hafenfest

1. Sonntag im August: Tonnenabschlagen
September: Zeesenbootregatta

Wieck
1. Wochenende im Mai: Darß-Marathon
4. Sonntag im Juni: Tonnenabschlagen
Anfang Juli: Darß Classic Open im Alten Hafen
Ende August: DarßClassicNights
Juli/August (Sa, So, Mo): Darßer Festspiele
2. Wochenende im September: Nationalpark-Tage (NLP-Tage)

Zingst
Ostern: Klaviertage
1. Mai: Traditionelles Anbaden an der Seebrücke
Ende Mai: Internationale Regatta-Tage
(vor-)letztes Wochenende im Juni: Hafenfest mit Zeesenboot-Regatta
3. Augustwochenende: Zingster Kunstmagistrale
2. Wochenende im September: Shantychor-Treffen
26. Dezember: Weihnachtstauchen

Graal-Müritz
Ende Mai: Rhododendronfest
Juli: Seebrückenfest
September: Fest der Moorgeister

Ribnitz-Damgarten
1. Wochenende im Juli: Bernsteinfest
Juli: Internationales Folkloretanzfest
1. Wochenende im August: Sommerfest im Damgartener Hafen
3. Wochenende im August: Fischerfest im Hafen
3. Wochenende im September: Herbstregatta auf dem Saaler Bodden

Klockenhagen
Ende Juli: Tonnenabschlagen

Barth
Anfang Juni: Tonnenabschlagen
Juli/August: Vineta-Festtage mit Open-Air-Theaterspektakel am Hafen
1. Wochenende im August: Segel- und Hafentage mit Zeesenbootregatta
Ende September: Lichterfest im Hafen

Bodstedt
1. Wochenende im September: Zeesenbootregatta

Ankommen & Wissenswertes

Mit dem Auto

Zwei Wege führen auf die Halbinsel. Entweder von Rostock-Ost über die B 105 bis Abzweig Altheide (vor Ribnitz-Damgarten) und weiter in Richtung Fischland. Oder von Süden aus über die A 20 in Richtung Stralsund bis zur Abfahrt Bad Sülze, weiter auf der B 105 bis Abzweig Löbnitz, von dort weiter nach Barth und über die Meiningenbrücke in Richtung Zingst bzw. Darß.

Die Meiningenbrücke bei Barth ist eine Drehbrücke und schließt für den Autoverkehr meist vormittags um 9.30 Uhr und am Abend um 18.30 Uhr. Die Wartezeit kann bis zu 45 Minuten betragen. InfoTel zu den aktuellen Sperrzeiten (03 82 31) 35 05 oder (01 79) 99 70 212 .

Mit Bahn & Bus

Von Berlin und Hamburg verkehren **IC- und RE-Züge** im 1–2-Stunden-Takt nach Ribnitz-Damgarten West teilweise mit Umsteigen in Rostock oder Stralsund. Ab Stralsund fährt die Usedomer Bäderbahn (UBB) ca. alle 2 Stunden nach Barth. Von **Barth** oder **Ribnitz-Damgarten West** Weiterfahrt mit der Buslinie 210 nach Fischland-Darß-Zingst (Mo–Fr meist stündlich zwischen 8–19 Uhr, Sa und So im 2-Stunden-Takt). Fahrzeit Berlin–Ahrenshoop (inkl. Bus): ca. 4 Stunden 15 Minuten.
Weitere Informationen unter www.bahn.de, www.ubb-online.de und zum Buslinienverkehr unter InfoTel (o 38 21) 88 65 65 und www.nvp-bus.de.

Urlaubs-Express Mecklenburg-Vorpommern: Interessant für Reisende aus dem Westen Deutschlands. Der Express fährt von Mai–Okt. immer samstags auf der Strecke Köln – Ruhrgebiet – Hamburg – Rostock – Ribnitz-Damgarten West – Stralsund.
Weitere Informationen unter www.bahn.de.

Privatbahn InterConnex: Täglich auf der Strecke Leipzig – Berlin – Neustrelitz – Rostock. Ab Rostock weiter mit dem RE nach Ribnitz-Damgarten West.
Connex-Kunden-Center, Tel (o 18 05) 10 16 16 (12 ct/min), www.interconnex.com.

BerlinLinienBus: Der „Fischland-Darß-Express" fährt im Frühling und Sommer jeden Mo, Fr und Sa, von Mitte Juli bis Ende Aug. auch So, im Herbst nur Sa. Abfahrt Berlin Ostbahnhof und ZOB am Funkturm, Fahrzeit Berlin–Ahrenshoop: 5 Stunden 40 Minuten (Bus fährt über Warnemünde und Graal-Müritz).
Infos und Buchung unter Tel (030) 861 93 31, www.berlinlinienbus.de.

> **TIPP: MIT BAHN UND FAHRRAD**
> Mit dem Zug bis Graal-Müritz fahren und von dort mit dem Rad auf dem ausgeschilderten Ostseeradweg auf den Darß radeln. Der Weg führt meistens direkt an der Küste entlang. Fahrzeit: Berlin–Rostock–Graal-Müritz 3 Stunden 10 Minuten. Mit dem Rad von Graal-Müritz nach Ahrenshoop ca. 1 Stunde 30 Minuten.

Mit dem Flugzeug

Innerdeutsche Verbindungen bestehen derzeit zwischen Rostock-Laage und Stuttgart, München und Köln/Bonn. Zu allen Flügen von/nach Köln/Bonn und Stuttgart wird zurzeit ein Bustransfer zum Darß angeboten, Anmeldung bis drei Tage vor Ankunft.
Weitere Informationen unter www.rostock-airport.de.

Mit dem Schiff

Fähre Barth–Zingst, April, Mai, Sept., Okt., stündlich 11–16 Uhr, Juni-Aug. stündlich 10.30–17.30 Uhr, Fahrgastschifffahrt Poschke, Tel (03 82 34) 2 39, Preise: einfach: 5 €, Kind: 3,50 €, Fahrradmitnahme möglich, www.fahrgastschifffahrt-fischland-darss-zingst. de.

Weitere Schiffsverbindungen bestehen unter anderem von:

Stralsund nach Zingst, Mai-Mitte Sept. jeden Mo 15 Uhr, von Mitte Sept.-Okt. jeden Mo um 15 und Sa um 17 Uhr, Reederei Zingst (Kooperation Reederei Oswald und Reederei Hiddensee).
Tel (03 831) 26 81 16, www.reederei-zingst.de, www.reederei-hiddensee.de

Von Hiddensee (Vitte) nach Zingst, Mitte März-Mai Di und Do 15.45 Uhr, Mai-Mitte Sept. Di-So 16.15 Uhr, Mitte Sept.-Okt Di, Do, Sa, So 15.45 Uhr, Reederei Zingst (Kooperation Reederei Oswald und Reederei Hiddensee).
Tel (03 831) 26 81 16, www.reederei-zingst.de, www.reederei-hiddensee.de.

MS „Swantevit" von Ribnitz-Damgarten nach Ahrenshoop, Zingst (und zurück), von Ribnitz-Damgarten nach Zingst von Mai–Mitte Sept. Di-Sa 15.20 Uhr (ab Juli auch Mo), von Zingst über Ahrenshoop nach Ribnitz-Damgarten Mai–Mitte Sept. Di-Sa 9.25 Uhr (ab Juli auch Mo), weitere Verbindungszeiten außerhalb der Saison und Zubringer nach Barth bitte direkt erfragen bei Reederei Oswald. Tel (03 82 32) 1 66 77 oder (01 70) 5 84 16 44.

Weitere Informationen über die jeweiligen Anlegestellen, Fahrpläne und Reedereien in den Ortskapiteln und im Internet unter: www.fahrgastschifffahrt-fischland-darss-zingst.de

Klima

Das Klima an der Ostseeküste ist gemäßigt. Es gilt als ideales Reizklima. Reizklima ist ein Gesundheitsklima mit intensiver Sonneneinstrahlung sowie hohem Salz- und Jodgehalt in der Luft, wobei dieser an der Ostsee im Verhältnis zur Nordsee geringer ist und damit für viele verträglicher. Gemäßigtes Klima heißt aber auch: unbeständiges Wetter. Die Sommer können heiß und trocken sein, aber auch kühle und feuchte Perioden haben. Im Winter kann es an der Küste kalt werden – oder auch nicht.

Allgemeine Informationen

KURTAXE
Alle Seebäder erheben eine Kurtaxe, die in der Hochsaison zwischen 1,30–2,30 € pro Tag und Person betragen kann. Kinder, Rentner und Behinderte zahlen meist die Hälfte. Die Kurtaxe wird meistens vom Vermieter kassiert bzw. ist schon im Zimmerpreis inbegriffen. Dafür erhält man eine Kurkarte, bei deren Vorlage Ermäßigungen gewährt werden. Tagesbesucher können in der Kurverwaltung eine Tageskarte lösen.

NÜTZLICHE ADRESSEN
Tourismusverband Mecklenburg-Vorpommern, Platz der Freundschaft 1, 18059 Rostock, Tel (03 81) 4 03 05 00, www.auf-nach-mv.de
Tourismusverband Fischland-Darß-Zingst, Barther Straße 31, 18314 Löbnitz, Tel (03 83 24) 64 00, www.darss.net

TANKSTELLEN
Auf der Halbinselkette gibt es nur zwei Tankstellen. Diese befinden sich in **Born** und in **Zingst** (Barther Straße). Ansonsten gibt es Tankmöglichkeiten in **Barth, Ribnitz-Damgarten, Graal-Müritz** sowie **zwischen Rövershagen und Mönchhagen** direkt an der B 105.

TAXI
Thiel, Ostseebad Dierhagen, Tel (03 82 26) 4 82 und (01 72) 3 10 09 62
Oelke, Ostseebad Zingst, Tel (03 82 32) 1 56 10

Reisezeit

Während es in den Sommermonaten vielerorts eher lebendig zugeht, ist die Atmosphäre im Frühjahr und Herbst beschaulicher. Im Winter sind manche Gastbetriebe zeitweise geschlossen. Voll wird es in den Ostseebädern zu Weihnachten und Silvester, dann findet man kurzfristig oft nur schwer eine Unterkunft.

Übernachten

Das vielfältige Angebot reicht vom Luxus-Resort über Mittelklassehotels bis zur familiengeführten Pension, privaten Zimmern und der Jugendherberge. Auch Ferienhäuser und -wohnungen aller Qualitäten gibt es in großer Zahl. Trotzdem kann es zur Hochsaison schwer sein, kurzfristig ein Zimmer zu bekommen.
Preisniveau: Die Preise für ein Doppelzimmer mittlerer Qualität

bewegen sich zwischen 40–80 € (in der Hauptsaison auch darüber, in der Nebensaison darunter). In diesem Reiseführer wurden die Übernachtungspreise übersichtshalber in zwei Kategorien unterteilt: Kategorie A steht für Hauptsaisonpreise und B für die Nebensaison (die C-Nebensaison wurde zusammen mit B erfasst.)

Pauschalangebote: Außerhalb der Saison bieten viele Hotels attraktive und meist preiswerte Pauschalangebote an wie zum Beispiel spezielle Wellness-Wochenenden. Infos auch unter www.aufnach-mv.de

Baden

Die Badesaison beginnt im Juni und endet im September. Die durchschnittliche **Wassertemperatur** beträgt im Juni 13° C, im Juli 16° C. Im August werden mit 17 Grad die höchsten Mittelwerte ge-

Die meisten Strände sind breit und fallen flach ab

messen, im September beträgt die Wassertemperatur noch durchschnittlich 15° C. Die **Wasserqualität** wird an allen Stränden der Halbinsel als gut bis ausgezeichnet bewertet. Über allen Orten weht die blaue Flagge als Zeichen bester Wasserqualität. Das Ostseewasser wird regelmäßig vom Landeshygieneinstitut Mecklenburg-Vorpommern untersucht.

Alle Ostseebäder haben ausgeschilderte Strandabschnitte, die von der **DLRG** überwacht werden. Unbewachte Strandabschnitte sind als solche gekennzeichnet. Beachtet werden sollten unbedingt die Warnbälle an den DLRG-Rettungsstationen: Ein Badeverbot können zwei oder ein hochgezogener roter Ball signalisieren. Ist der Ball nur halb hochgezogen, bedeutet es in jedem Fall: Badeverbot für Kinder und Nichtschwimmer, Schwimmer sollten dann nur bis zur Brusttiefe ins Wasser gehen.

Zu den regionalen Besonderheiten gehört die Freizügigkeit am Strand. Traditionell sind in Ahrenshoop und am Darßer Weststrand die Grenzen zwischen den so genannten Textil- und **FKK**-Stränden fließend. Auf eine besondere Abgrenzung wird seit Jahren verzichtet. Ansonsten gibt es in allen Orten ausgewiesene FKK-Zonen.

Im Mai werden in den Ostseebädern hunderte von **Strandkörben** aufgestellt, die im Oktober wieder in den Lagerräumen verstaut werden. Sie werden von privaten Vermietern angeboten, die Preise sind sehr unterschiedlich.

Unterwegs auf Fischland-Darß-Zingst

Viele **Wander- und Radwege** durchziehen die Halbinsel. Das flachwellige Land eignet sich hervorragend, um Rad fahrend seine Schönheiten zu entdecken. Das Radewegenetz wurde in jüngster Zeit sehr gut ausgebaut, Fernradwege stellen die Verbindung zu anderen Regionen her. Fahrräder stehen auch in allen Ferienorten zum Mieten bereit.

Sollte der Gegenwind einmal zu stark sein, können Sie die **Busse** der Linie 210, die auf der Strecke Ribnitz – Darß – Barth jeden Ort auf der Halbinsel anfahren, nutzen (an Wochentagen im Stundentakt und am Wochenende alle zwei Stunden). Die mit „H" im Fahrplan gekennzeichneten Busse nehmen bis zu 18 Räder auf einem speziellen Anhänger mit. Auch die Fahrgastschiffe nehmen in der Regel Fahrräder mit.

Empfehlenswert ist der das gesamte Gebiet erschließende weißblau-weiß markierte **Ostseeküstenwanderweg** E 9. Er verbindet Graal-Müritz, Dierhagen, Wustrow, das Hochufer des Fischlandes, Ahrenshoop, den Darßwald, Prerow, Zingst und Barth.

Orte &
Landschaften

Am Strand bei Ahrenshoop

Das Fischland

Fischland heißt der schmale, nur wenige Kilometer lange Land-streifen, der sich zwischen dem Permin südlich von **Wustrow** bis Ahrenshoop ins Meer schiebt. Hier lebten über Jahrhunderte vor allem Fischer und Seefahrer. Den historischen Kern des Fischlandes bildet die ehemalige Insel Wustrow rund um das gleichnamige See-bad. Bis ins Mittelalter wurde die Insel vom Festland und vom Darß durch zwei Mündungsarme der Recknitz abgetrennt. Im Süden war es der Permin, der den Bodden direkt mit der offenen See verband, und weiter nördlich in Ahrenshoop gab es den Darßer Kanal, auch „de Loop" genannt. Im 14. Jh. verstopften jedoch die Stralsunder und Rostocker durch versenkte Schiffe diese Mündungen, wodurch sie im Laufe der Zeit verlandeten. Offiziell verkündeten die Hanse-städte, dass ihre Sanktionen den Piraten galten, denen dadurch der

immer wieder als Unterschlupf genutzte Ribnitzer Hafen verwehrt wurde. Eigentliches Ziel aber war es, die aufstrebenden Wustrower auf diese unfeine Art an ihren kühnen Plänen, auch Handels- und Hafenstadt zu werden, zu hindern. Bis zu dieser Zeit wurde die Insel „Swante Wustrow", Heilige Insel, genannt. Erst im 16. Jahrhundert, als man nicht mehr von einer Insel sprechen konnte, bürgerte sich der Name Fischland ein.

Bis heute erinnern in den Dörfern auf dem Fischland zahlreiche Fischerkaten mit Schilfdach und Kapitänshäuser an die Zeit der Seefahrer. Die idyllischen Häfen am Bodden dienen nun meist touristischen Zwecken. Auf der Ostseeseite des Fischlandes erstrecken sich hinter einem sanft geschwungenen Dünengürtel feine, weiße Sandstrände. Die Wustrower legen allerdings Wert darauf festzuhalten, das Fischland beginne erst bei ihrem Dorfe und weder **Dierhagen** und noch weniger **Ahrenshoop** gehörten zu ihrer Heimat. Wir aber tun es den Ferienanbietern gleich und schlagen die Ostseebäder Dierhagen und Ahrenshoop dem Fischland zu.

■ Dierhagen (1550 Einwohner)

Das ruhige Ostseebad Dierhagen liegt eigentlich noch im „Vorland" zum Fischland, zählt sich selbst aber schon dazu. Zwar kann es weder mit seinem Ortsbild noch mit Sehenswürdigkeiten glänzen, dafür hat es einen wunderbaren Strand soweit das Auge reicht. Daneben prägen Kiefernwälder die Umgebung ebenso wie schilfumsäumte Boddenufer, Wiesen und Moore.

Schon 1311 erstmals urkundlich unter dem Namen „Deerhagen" erwähnt, hat sich Dierhagen als Ostseebad erst im letzten Jahrhundert entwickelt. Heute besteht es aus fünf weit auseinanderliegenden Ortsteilen. Mitten hindurch führt die betriebsame Chausseestraße, die seit den 1950er-Jahren die früheren sandigen und nur mühsam passierbaren Verbindungswege ersetzt hat. Den historischen Kern bilden die beiden alten Fischerorte **Dierhagen-Dorf** und **Dändorf,** die dem Bodden zugewandt sind. Kapitänshäuser aus der Zeit der großen Segler, Bauernhöfe und Katen sind hier noch zu finden. In den kleinen Fischerhäfen geht es gemütlich zu. Vom größeren der beiden in Dierhagen-Dorf starten Zeesenboote ihre Boddentouren.

An der Ostseeküste mit ihrem feinsandigen und besonders breiten Strand erstrecken sich hinter hohen Dünen die jüngeren Ortsteile. Den Hauptort und Mittelpunkt des Strandtreibens bildet **Dierhagen-Strand.** Ferienhäuser, Pensionen, wenige Hotels und ein großer Campingplatz liegen eingebettet in einem dichten Kiefernwald. Die meisten Gaststätten und Strandläden gruppieren sich rund um den Hauptstrandzugang. Südlich von Dierhagen-Strand liegt längs der Düne der Ortsteil **Neuhaus.** Nördlich erstreckt sich die kilometerlange Siedlung **Dierhagen-Ost** fast bis nach Wustrow. Diese Ortsteile bestehen vor allem aus Wochenendhäuschen und einigen wenigen Hotels und Pensionen, die sich zwischen hohen Kiefern verstecken. Verbunden sind die Strandorte durch einen schönen Rad- und Fußweg, der gleich hinter der Düne und teilweise durch einen schönen Dünen-Kiefernwald verläuft.

Wandern und Radfahren

Die reizvolle Küstenwald- und Dünenlandschaft rings um das Ostseebad lädt zu ausgedehnten Spaziergängen und Wanderungen ein. Gut ausgebaute Radwege führen von Dierhagen über die ganze Halbinsel bis nach Zingst und in westlicher Richtung nach Graal-Müritz und Warnemünde. Ein außergewöhnliches Wanderziel in der südlichen Umgebung gleich hinter Neuhaus stellt das **Naturschutzgebiet Großes Ribnitzer Moor** dar, das sich in Richtung Graal-Müritz

erstreckt. Sie erreichen es, indem Sie vom Hauptstrandzugang in Dierhagen-Strand einfach dem ausgeschilderten Wanderweg durch den Küstenwald folgen. Nach ungefähr einer halben Stunde haben Sie das Ziel erreicht. Das Ribnitzer Große Moor ist ein küstennahes Hochmoor, das sich am Ende der letzten Eiszeit gebildet hat. Wie in vielen anderen Mooren wurde auch hier jahrhundertelang Torf gestochen. Ab 1975 wurde die zur Torfgewinnung notwendige Entwässerung durch Aufstauung zwar rückgängig gemacht, aber noch heute sind wegen des zu niedrigen Wasserstandes zwei Drittel des Schutzgebietes verlandet und mit Kiefern und Birken bewaldet. Auf fünf ausgewiesenen Wanderwegen darf man dieses Moorgebiet begehen. Brücken, Bohlenstege, Aussichtspunkte und kleine Info-Tafeln sorgen dafür, dass eine Wanderung durch das Moor abwechslungsreich und informativ ist. Mit etwas Geduld lassen sich hier neben seltenen Pflanzenarten Fischreiher, Moorfrösche oder Eulen beobachten. An den Moorseen wächst die seltene Glockenheide. Doch Vorsicht: In der warmen Jahreszeit unbedingt Mückenschutz einstecken!

Das **Naturschutzgebiet Dierhäger Moor,** das sich zwischen Dierhagen-Strand und Dierhagen-Dorf ausdehnt, ist allerdings ein Totalreservat und darf nicht betreten werden.

Strandzugang bei Dierhagen

Strand

Ein echtes Strandparadies: 50 m breite, feinsandige Strände vor
Neuhaus, Dierhagen-Strand und Dierhagen-Ost. DLRG wacht über
den Bereich vor Dierhagen-Strand. Zwischen den Textilstränden jeweils kleine gekennzeichnete FKK-Bereiche und Hundestrände.

PRAKTISCHE TIPPS

INFORMATION

Kurverwaltung, im „Haus des Gastes", Ernst-Moritz-Arndt-Straße 2, 18347
Dierhagen-Strand, Tel (03 82 26) 2 01, Zimmervermittlung, Informationen, Bi-
bliothek, Internetterminals, Juni–Aug. Mo–Fr 9–18, Sa/So 10–15 Uhr, sonst
Mo–Fr 9–16, Sa 10–13 Uhr, www.ostseebad-dierhagen.de.

HOTELS & PENSIONEN

Strandhotel Fischland, Dierhagen-Strand, Ernst-Moritz-Arndt-Straße 6, Tel
(03 82 26) 5 20, große Hotelanlage im Küstenwald, ehemalige Urlaubsresi-
denz der DDR-Politgrößen, helle Zimmer, teils mit Meerblick, Wellnessbereich,
Schwimmbad, Sauna, Tennis, DZ/F A: ab 170 €, B: ab 130 €, 2-Pers.-App. A:
170–270 €, B: 105–170 €, etwas preiswerter: die 250 m entfernte reetgedeckte
Dependance, DZ/F A: ab 160 €, B: ab 100 €, www.strandhotel-fischland.de.

Dünenmeer Hotel & Spa, Dierhagen-Neuhaus, Birkenallee 20, Tel (03 82 26)
5 01-0, 2007 eröffnete, 4-Sterne-Hotelanlage direkt am Strand in ruhiger Lage,
Zimmer mit Meerblick, Wellnessbereich, DZ/F A: ab 260 €, B: ab 210 €, auch
Appartements und Häuser im neu gebauten Reetdachdorf, 2-Pers.-App. A: ab
175 €, B: ab 95 €, www.duenenmeer.com.

Ostseehotel Dierhagen, Dierhagen-Strand, Wiesenweg 1, Tel (03 82 26) 5 10,
modernes Hotel am nördlichen Ortsrand in Strandnähe, ehemalige Kurklinik,
162 schlicht eingerichtete Zimmer, Wellnessbereich, Schwimmbad und Fahrradverleih, DZ/F A: 116 €, B: ab 96 €, www.ostseehotel-dierhagen.de.

Hotel Blinkfüer, Dierhagen-Ost, An der Schwedenschanze 20, Tel (03 82 26) 53
57-0, einladendes Vier-Sterne-Hotel in Strandnähe, Sauna, Whirlpool, Fitness,
28 stilvoll und modern eingerichtete Zimmer, DZ/F A: ab 125 €, B: ab 110 €,
www.hotel-blinkfueer.de.

Pension Stocker, Dierhagen-Dorf, Neue Straße 6, Tel (03 82 26) 50 80, histori-
sches reetgedecktes Gehöft in Boddennähe mit rustikaler Bauernstube,
19 Zimmer, DZ/F A: 74 €, B: 64 €, www.gasthaus-pension-stocker.m-vp.de.

FERIENWOHNUNGEN

Parkresidenz, Dierhagen-Strand, E.-M.-Arndt-Straße 2, Tel (03 82 26) 8 07 62,

Im Boddenhafen in Dierhagen-Dorf

große Ferienanlage (1998) 250 m vom Strand entfernt, 80 moderne Appartements, FeWo für 2 Pers. A: 61 €, B: 28-43 €, FeWo für 4 Pers. A: 77–87 €, B: 39–65 €,www.parkresidenz-dierhagen.de.

Haus Windhook, Dierhagen-Ost, Amselweg 4, Tel (03 82 26) 8 04 94, Familienpension in schönem Reetdachhaus direkt hinter den Dünen, gemütlich eingerichtete Ferienwohnungen, FeWo für 2 Pers. A: 80–105 €, B: 55–80 €, FeHaus für 2 Pers. A: 75–90 €, B: 55–75 €, www.haus-windhook.de.

Mare-Feriendomizile, Neue Reihe 6, Dändorf, Tel (03 82 26) 8 04 74, schöne individuell ausgestattete Ferienwohnungen und -häuser, z. B. Dierhagen-Strand, Fischländer Weg 17 a, Holzhaus mit Rohrdach, Kiefernholzmöbel, Geschirrspüler, FeWo bis 4 Pers. A: 90–130 €, B: 55–110 €, www.mare-mv.de.

CAMPING

OstseeCamp, Dierhagen-Strand, E.-M.-Arndt-Straße, Tel (03 82 26) 8 07 78, März–Okt., schöner Wiesenplatz, 5 Min. vom Meer entfernt, www.ostseecamp-dierhagen.de.

An den Stranddünen, Dierhagen-Ost, Waldweg 5, Tel (03 82 26) 8 04 92, direkt hinter der Stranddüne, Spielplatz, Sauna, Fahrrad- und Bootsverleih, ganzjährig geöffnet, www.campingplatz-ennen.de.

Camping Neuhaus, Birkenallee 10, Tel (03 82 26) 53 99 30, ganzjährig, kleiner naturbelassener Familienplatz direkt im Wald, 200 m vom Strand entfernt, vor Ort: Sauna, Spielplatz, www.camping-in-neuhaus.de.

ESSEN & TRINKEN

Meeresrauschen, Dierhagen-Strand, Am Badesteig 8a, Tel (03 82 26) 5 36 08, Saison täglich ab 8.30 Uhr, Nebensaison ab 17 Uhr, Restaurant in Bäderstilvilla, mecklenburgische Küche mit frischem Fisch, mittleres Preisniveau.

Restaurant-Café Orange-Blue, Am Plateau 2, Tel (03 82 26) 5 37 84, täglich ab 11 Uhr, Restaurant, Eiscafé und Cocktailbar direkt am Hauptstrand, von der Terrasse toller Meerblick.

Pfannkuchen-Haus, Dierhagen-Strand, Waldstraße 4, Tel (03 82 26) 8 04 64, täglich ab 11 Uhr, in dem beliebten kleinen Lokal gibt es Eierpfannkuchen in verschiedensten Variationen.

Wintergarten im Strandhotel Fischland (s. o.), schönes großes Café, in der kalten Jahreszeit mit offenem Kaminfeuer, große Kuchenauswahl.

Schipperhus, Dierhagen-Dorf, Strandstraße 6, Tel (03 82 26) 8 02 11, täglich ab 11.30 Uhr, reetgedecktes Fachwerkhaus mit maritimer Einrichtung, Mecklenburger Hausmannskost und viel Fisch.

Taun Dörpkraug, Dierhagen-Dorf, Kirchstraße 8, Tel (03 82 26) 2 35, Di–Fr ab 17 Uhr, Sa/So 12–14 und ab 17 Uhr, Mo geschlossen, in geschmackvollem Ambiente werden Gerichte mit frischem Fisch serviert, Sonnenterrasse.

AKTIVITÄTEN

Udo's Fahrradverleih, Dierhagen Strand, Ahornstraße, Tel (01 73) 1 37 95 78.

Reiterhof Guido Lange, Dierhagen-Dorf, Zur Bockwiese 3, Tel (03 82 26) 8 06 79, www.reiterhof-lange.de, Kremserfahrten, Reitkurse, geführte Ausritte entlang am Strand und durch Küstenwald.

Sommerkino Blinkfüer, Dierhagen-Strand, E.-M.-Arndt-Straße 1b, Tel (03 82 26) 8 04 70, Mai–Okt., gegenüber dem Zeltplatz.

Radwanderung durch das Ribnitzer Moor: Mai–Okt., ca. 3 Stunden, nähere Information im Haus des Gastes erfragen, Tel (03 82 26) 2 01.

Ortsführung: Mai–Okt., jeden Do um 10 Uhr historischer Rundgang, Treffpunkt am Haus des Gastes, Tel (03 82 26) 2 01.

WELLNESS

Fischlandoase, E.-M.-Arndt-Straße 6 (auf dem Gelände des Strandhotel Fischland), Tel (03 82 26) 52-9 53, täglich 8–22 Uhr, großzügiger Sport- und Fitnessbereich, Tennis, Massage, Saunalandschaft: 15–21 Uhr, Schwimmbad: 7–21 Uhr. Tipp: die Strandsauna mit direktem Zugang zur Ostsee.

BOOTSFAHRTEN

MS Boddenkieker, Tel (03 82 20) 5 88, von Hafen Dierhagen-Dorf nach Ribnitz-Damgarten, Mitte Mai–Mitte Sept. täglich 10.30/12.15/16.45 Uhr.

Zeesenboot Hanne Nüte, bei Herrn Zobel anmelden, Tel (03 82 26) 4 45 oder (01 70) 4 51 26 71, 1,5-stündige Rundfahrt auf dem Saaler Bodden und Sonderfahrten nach Absprache, Abfahrt Hafen Dierhagen-Dorf, Erw. 12 €, Kinder 6 €.

MARKT

Sommerfrische-Markt im Hafen Dierhagen-Dorf, Mai bis Okt., Di und Fr 9–14 Uhr, frische, zum Teil ökologische Nahrungsmittel und Kunsthandwerk, z. B. Rohmilchkäse vom Ziegenhof, Bio-Rind vom Gut Darß, Sanddorneis, leckere Obstkuchen aus einer Mühlenbäckerei, www.sommerfrische-markt.de.

EINKAUFEN

Einkaufszentrum „Fischlandtor", in Dierhagen-Dorf direkt an der Kreuzung Landstraße/Strandstraße Richtung Dierhagen-Strand, mit Supermarkt, Drogerie, Bäckerei, Fischgeschäft, Sparkasse.

In Wustrow stehen viele Reetdachhäuser

■ Wustrow (1500 Einwohner)

Das hübsche Ostseebad liegt nahe der schmalsten Stelle des Fischlandes, dort, wo vor Jahrhunderten noch ein Mündungsarm der Recknitz in die Ostsee mündete. Etliche reetgedeckte Fischerkaten und steinerne Kapitänshäuser mit bunten Vorgärten zeugen von der maritimen Vergangenheit des Ortes. Heute ist das ehemalige Fischer- und Schifferdorf ein lebhafter Badeort mit kleinstädtischem Charakter.

Seinen Namen verdankt der Ort den Slawen, die die damalige Insel vor mehr als tausend Jahren als Heiligtum betrachteten und als „Swante Wustrowe", Heilige Insel, verehrten. Vor allem Fischfang und Seefahrt haben die Entwicklung Wustrows nachhaltig geprägt und den vormals armen Fischländern im 18. und 19. Jh. zu Wohlstand verholfen. Zur Blütezeit der Segelschifffahrt war in Wustrow eine ganze Flotte beheimatet, die auf den Weltmeeren fuhr. Ihre Kapitäne bauten sich von ihrem Ersparten neue, feste Häuser aus Ziegelstein, mit einem Obergeschoss und einem Ziegeldach, in denen sie ihren Lebensabend verbringen wollten. In den Wintermonaten boten sie ihre geballten nautischen Kenntnisse in Kursen zur Erlangung des Steuermannexamens an. 1846 wurde dann in Wustrow die „Großherzoglich-Mecklenburgische Navigationsschule" gegründet. Diese Einrichtung bildete 146 Jahre lang in Navigation, Kartografie sowie See- und Handelsrecht aus und wurde bis weit über die Grenzen des Fischlandes hinaus bekannt. 1992 schloss sie ihre Pforten.

Harte Zeiten begannen Ende des 19. Jahrhunderts, als sich überall auf den Meeren die Dampfschiffe, von den Fischländern auch abfällig „Stinkbüdel" genannt, durchsetzten. Als den Wustrowern die Börsen immer dünner wurden, sollten die Fremden, die „Strandlöpers", das dringend benötigte Kleingeld bringen. Zu diesem Zweck wurde 1880 ein „Gemeinnütziger Verein" gegründet, der energisch daranging, den Schiffer- in einen Badeort zu verwandeln. Badezellen wurden aufgestellt und bald reihten sich meerseitig an der Strandstraße Hotels, Pensionen und Cafés aneinander, die auch heute noch für ein lebhaftes Bäderambiente sorgen.

Spaziergang durch Wustrow (Karte ▸ Seite 45)

Unser Spaziergang beginnt am einst bedeutenden **Boddenhafen.** Hier liegen immer einige der traditionellen Zeesenboote vertäut, auf ihre täglichen Boddenrundfahrten wartend. Auch Ausflugsschiffe laden zur Boddenfahrt (▸ Seite 51). Unser Weg führt uns direkt zur **Wustrower Kirche,** die heute am ehemaligen Ort einer slawischen Kultstätte weithin sichtbar ihren Turm in den Himmel reckt. Den Aufstieg über die engen und steilen Stufen sollte man keineswegs vermeiden, wird er doch mit einem wunderbaren Aussichtsvergnügen belohnt. Zu Füßen der Kirche entfaltet sich der historische Kern Wustrows. Wir folgen der **Neuen Straße,** die gegenüber der Kirche beginnt, in den malerischsten Winkel des Ortes. Gleich zu Beginn stoßen wir auf die **Schifferwiege,** das älteste Haus in Wustrow. In ihm soll eine Hebamme gewohnt haben, die vielen späteren Kapitänen und Steuerleuten half, das Licht der Welt zu erblicken. Weiter geht's auf sandigen Wegen vorbei an reetgedeckten Fischerhäusern mit farbenfrohen Vorgärten. Prominentestes Gebäude ist das über 250 Jahre alte, rot getünchte **Fischlandhaus.** Am Ende der Neuen Straße erreichen wir eine wenig beachtete Sehenswürdigkeit: Auf dem romantischen, von einer Feldsteinmauer umgebenen **Friedhof** ruhen neben Kapitänen auch namhafte Künstler.

Die Route des Spaziergangs führt uns nun über die Osterstraße wieder in Richtung Hafen. An der Kreuzung zur Hafenstraße bie-

N

nach Ahrenshoop

Hohes Feld

Wanderweg

Bodden-

Barns-
torf

Barnsdorfer Weg

Kunstscheune
Barnstorf

Friedhof

Straße

Oster-

Fischland-
haus

Straße

Straße

nach Ahrenshoop

Thälmann-

Neue

Hafenstraße

B

Ernst-

Wustrower
Kirche

Am Kühleger

Permin

Schillerstraße

Straße

Marx

Karl-

Kurver-
waltung

Norder-

Straße

Schulweg

Linden-

Straße

Am Norderfeld

Direktor-Schütz-Weg

Park

Strand-

Kühleger

An der Seenotstation

Radweg nach
Ahrenshoop

Ostseebad
Wustrow

Radweg nach
Dierhagen

O s t s e e

Seebrücke

Wellenbrecher schützen den Strand von Wustrow

gen wir nach links in den Barnstorfer Weg ein. Nach wenigen Minuten erreichen wir den versteckt auf einem Landzipfel liegenden, denkmalgeschützten Ortsteil **Barnstorf** mit den wohl schönsten Gehöften des Fischlandes. Die mächtigen Bauernhäuser mit ihren rotbraunen Wänden und den tief hinabreichenden Rohrdächern wirken wie verwurzelt in Zeit und Raum. In einem von ihnen ist eine **Kunstscheune** untergebracht.

Wir gehen den gleichen Weg wieder zurück, vorbei an der Kirche und biegen rechts in die geschäftige Ernst-Thälmann-Staße ein, die Hauptverkehrsader Wustrows. Auf der linken Seite kommen wir an der Kurverwaltung vorbei, die ihr Domizil im einstigen kaiserlichen Postamt (1895) hat. Kurz darauf biegen wir nach links in die **Strandstraße** im zum Meer zugewandten Teil Wustrows. Die Strandstraße gehört zu den Hauptflaniermeilen des Badeortes und führt geradewegs zum Meer. Die Häuser in diesem Teil Wustrows weisen einen städtischen Charakter auf, was darauf zurückzuführen ist, dass hier verstärkt die besser betuchten Schifferfamilien ihre Häuser gebaut hatten. Auch ein Abstecher nach links in die Lindenstraße führt an einigen besonders gut erhaltenen Kapitänshäusern vorbei. Weiter auf der Strandstraße geht es vorbei an der alten Seenotrettungsstation von 1812 und einem Zeltkino zur 240 m langen **Seebrücke** (1993). Beim Blick nach Osten schauen wir zum **Hohen Ufer** (▶ Seite 54 und Tour ▶ Seite 122) und in Richtung Westen reicht die Sicht über Dierhagen bis nach Graal-Müritz. Auffällig sind die parallel zur Küste aus Granitblöcken aufgeworfenen Wellenbrecher, die die Abtragung von Strand und Küste verringern sollen. Zurück in der Strandstraße biegen wir vor dem Restaurant „Sonnenhof" rechts ab und wandern auf dem Deich weiter in Richtung Dierhagen. Auf unserem Weg begegnen wir linker Hand der ehemaligen Navigationsschule und einem Windrad. Von hier an halten wir uns nach links in Richtung Bodden und setzen unsere Tour am **Permin** fort bis zum Kuhleger am südlichen Ortseingang Wustrows. Rechts entdecken wir das Hotelschiff „Stinne". Der dänische Zweimaster war 1965 bei einem Sturm im Permin gestrandet und wurde später zum Hotelschiff umgebaut. Gleich um die Ecke befindet sich am Kuhleger 21 das so genannte Runenhaus, ein schönes Fachwerkhaus. Nicht weit von hier steht die Wustrower Kirche, deren Turm uns den Weg zum Hafen und zum Ausgangspunkt unseres Spaziergangs weist.

Sehenswertes

Wustrower Kirche: Der neogotische Backsteinbau wurde 1873 geweiht. Eine Wendeltreppe führt hoch zum Turm, der früher als Seezeichen und zur praktischen Navigationsausbildung diente.
Infos über Pastorat, Hafenstraße 2, Tel (03 82 20) 3 38, Turm: Di–Sa 9–17, So 11.30–12.30, Kirche: Di/Do/Fr 9–12.30 und 14–17, Mi und Sa 14–17 Uhr.

Fischlandhaus: Hinter krummen, rot getünchten Lehmwänden zeigt das älteste Haus Wustrows wechselnde Ausstellungen zu Malerei und Grafik und Ausstellungen zu ortsbezogenen Themen. Bibliothek, Lesungen und Kleinkunst-Aufführungen im Sommer.
Neue Straße 38, (03 82 20) 8 04 65, Mo/Di/Do/Fr 10–12 und 13–17 Uhr.

Kunstscheune Barnstorf: In den Sommermonaten sind in der mittelalterlichen Scheune wechselnde Ausstellungen zeitgenössischer Kunst meist aus dem norddeutschen Raum zu sehen.
OT Barnstorf, Hufe IV, (03 82 20) 2 01, von Mitte Juni bis Anfang Oktober, täglich 10–13 und 15–18 Uhr, www.kunstscheune-barnstorf.de.

Strand

Feine weiße Sandstrände beiderseits der Seebrücke, Richtung Norden zunehmend steinig. An der Seebrücke ist der Textilstrand überwacht. FKK in Richtung Dierhagen. Gebadet werden kann zudem in einsamen Buchten am Bodden.

INFORMATION

Kurverwaltung im ehemaligen Kaiserlichen Postamt, Ernst-Thälmann-Straße 11, 18347 Wustrow, Tel (03 82 20) 2 51, Informationen, Zimmervermittlung, Mo–Fr 9–17, Juli–Aug. zusätzlich Sa und So 10–15 Uhr, www.ostseebad-wustrow.de.

Fremdenverkehrsverein Wustrow e. V., Strandstraße 11, Tel (03 82 20) 82763, www.fremdenverkehrsverein-wustrow.de, Informationen, Zimmervermittlung, Mo–Fr 10–12 und 13–17 Uhr.

HOTELS PENSIONEN

Dorint Strandhotel, Strandstraße 46, Tel (03 82 20) 6 50, die Nr. 1 am Ort, in der Nähe der Seebrücke gelegen, modernes Hotel mit 97 geräumigen Zimmern und Appartements, alle mit Balkon/Terrasse, große Badelandschaft, Dampfbäder, Sauna, Beauty-Farm, Standardzimmer/F: 138–248 €; App. A/B: 162–448 €; www.dorint.de/wustrow.

Sonnenhof, Strandstraße 33, Tel (03 82 20) 61 90, Fachwerkhaus in Seebrückennähe, 10 komfortable Zimmer und 4 Appartements, einige mit Balkon/Terrasse, freundliche Atmosphäre, schönes Schwimmbad mit Wasserfall, Bodensprudel und Whirlpool, Sauna, Solarium, DZ/F A: 70–110 €, B: 50–95 €, 2-Pers.-App. A: 130 €, B: 95–110 €, www.sonnenhof-wustrow.de.

Schifferwiege, Karl-Marx-Straße 30, Tel (03 82 20) 8 03 36, familiengeführte Pension in 130 Jahre altem kleinem Backsteinhaus, Frühstück im reetgedeckten Pavillon im Garten, DZ/inkl. Frühstücksbüfett A: 68 €, B: 54–59 €, 2-Pers.-App. A: 74–79 €, B: 63–75 €, www.schifferwiege.de.

Hotelschiff Stinne, Am Kuhleger 13a, Tel (03 82 20) 3 36, einzigartiger Charakter: Kabinen auf einem trockengelegten dänischen Küstenschoner (Baujahr 1919) mit Blick auf den Saaler Bodden, Doppelbettkabinen/F A: 65–90 €, B: ab 45 €, www.hotelschiff-stinne.de.

Landhus Schlunt, Osterstraße 30, Tel (03 82 20) 8 05 15, ruhig gelegenes Landhaus mit ländlich eingerichteten Zimmern, div. Saunen, Kaminzimmer, Schwimmbad, Garten mit Boddenblick, DZ/F A: ab 50 €, B: ab 40 €, www.landhaus-schlunt.de.

FERIENWOHNUNGEN

Scheune Hufe III, Barnstorf Hufe III, Tel (03 82 20) 8 03 54, reetgedeckte Hof-scheune auf 400 Jahre altem Bauernhof direkt am Bodden, Bootssteg, Sauna, individuell gestaltete Ferienwohnungen für 2–6 Pers. A: ab 55 €, B: ab 45 €.

Strandperlen, Weidenhof 1b, Tel (03 82 20) 6 10, Ferienhaussiedlung (1997) mitten im Grünen, ideal für Familienurlaub, FeHaus A: ab 779 €/Woche, B: ab 327 €/Woche, www.strandperlen.de.

Käpten's Corner, Strandstraße 8, Tel (0 52 09) 98 05 77, 3 helle Ferienwoh-nungen in 100 Jahre altem Schifferhaus, eingerichtet mit Korb- und Holzmö-beln in maritimem Blau-Weiß, 4 Sterne, FeWo 2–3 Pers. A: 65–125 €, B: 35–100 €, www.ostsee-fischland-darss.de.

ESSEN & TRINKEN

Moby Dick, Strandstraße 54, Tel (03 82 20) 66 80, täglich ab 11 Uhr, das Res-taurant gleicht dem Innenleben eines Schiffes, wie bei den alten Seefahrern darf in Kajüten und auf Logenplätzen gespeist werden, www.restaurant-mo-by-dick.de.

Svantevit, Strandstraße 56, Tel (03 82 20) 8 25 50, täglich ab 11 Uhr, Strand-restaurant am Aufgang zur Seebrücke, Tipp: zur Seeseite erlebt man fantas-tische Sonnenuntergänge.

Küstenschoner Stinne, Am Kuhleger 13a, Tel (03 82 20) 3 36, Ostern bis Ende

In Barnstorf

Kapitänshaus in Wustrow

Okt. täglich ab 17 Uhr, das maritime Kajütenrestaurant bietet Fisch- und Fleischgerichte.

Schifferwiege, Karl-Marx-Straße 30, Tel (03 82 20) 8 03 36, Feb.–Nov. täglich 11.30–21.30, familiengeführt, täglich frischer Fisch, keine Fertigprodukte, alles vom Ökobauern, in 130 Jahre altem Backsteinhaus, www.schifferwiege.de.

AKTIVITÄTEN

Fahrradverleih Schröder, Lindenstraße 17, Tel (03 82 20) 8 09 05, Verleih und Reparatur.

Tennisfreianlage, Strandstraße, Tel (01 73) 9 59 45 12.

Sommerkino, Strandstraße an der Seebrücke, Tel (03 82 20) 8 01 96, eins der letzten Zeltkinos, innen mit Holzbänken ausgestattet.

WELLNESS

Erholungszentrum Fischland, An der Seenotstation 1, Tel (03 82 20) 6 20, öffentliches Kurmittelhaus mit Schwimmbad (25 x 7m), Saunen, Therapieangebote, Massagen, Badekuren, Di–Fr 17–21, Sa 10–21, So 10–18 Uhr, www.erholungszentrum fischland.de.

Fischland-Sauna, Osterstraße 30, Tel (03 82 20) 8 05 15, Nov.–Anfang Mai, Öffnungszeiten telefonisch erfragen, finnische Sauna und russisch-römisches Dampfbad, Originell: die „Semljanka", die erste sibirische Erdsauna Deutschlands.

BOOTSFAHRTEN

Fährverbindung mit dem MS Boddenkieker nach Ribnitz-Damgarten über Dierhagen, Tel (03 82 20) 8 55, Mitte Mai–Sept. täglich 11.30/14.30/17.30 Uhr, www.boddenschifffahrt.de.

Boddentörns mit Zeesbooten Bill und Butt, Herr Voigt, Tel (03 82 20) 6 63 65, Mai–Sept. täglich 10.30 und 14 Uhr, Saison zusätzlich 16 und 18 Uhr, Törn mit Butt: Fam. Eymael, Tel (03 82 20) 2 01, um 12/14/16 Uhr, Erw. 12 €, Kinder 6 €.

SEGELN & SURFEN

Surfcenter Wustrow, An der Nebelstation 2, Tel (03 82 20) 8 02 50, etwa 1 km vor dem südlichen Ortseingang Wustrows, Surf- und Kiteschule, auch Wellenreiten, Surfshop und Verleih, außerdem Stellplätze für Wohnmobile hinter dem Deich, www.surfcenter-wustrow.de.

Fischländer Segelschule, Hr. Voigt, Hafenstraße 10, Tel (03 82 20) 6 63 65 und (01 71) 3 27 72 90, Grundkurse auch für Kinder, Zeesenboottouren, Verleih von Ruderbooten und Kanus, www.fischlaender-segelschule.de.

MARKT

Bio-Markt, Mai bis Okt., Mo 9–18 Uhr, Strandstraße/An der Seenotstation, www.sommerfrische-markt.de.

BESONDERE LÄDEN

Fischland-Galerie, Ernst-Thälmann-Straße 22, Tel (03 82 20) 8 05 69, Kunstgewerbeladen direkt an der Hauptstraße Wustrows, Keramik, Bilder, Porzellan, Mo–Sa 9.30–12.30 Uhr.

Bücherstube Fischland, Ernst-Thälmann-Straße 20, Tel (03 82 20) 4 07, direkt an der Hauptstraße gelegen mit einem gut sortierten Angebot.

■ Ahrenshoop (850 Einwohner)

Lang streckt sich das malerische Ahrenshoop entlang der Küste auf dem schmalen, „Vordarß" genannten Verbindungsstück von Fischland und Darß. Ein traumhafter Strand, ausgezeichnete Hotels und viele Kunstgalerien machen Ahrenshoop zu einem beliebten Ziel bei Kunstliebhabern und gut verdienenden Ostseeurlaubern.

Weithin bekannt wurde der Ort als Künstlerkolonie. Ende des 19. Jh. entdeckten Landschaftsmaler wie Paul Müller-Kaempff das verschlafene und ärmliche Fischerdorf für sich. Beeindruckt von dem Landstrich mit der schroffen Steilküste und der sanften Dünenlandschaft gründeten sie Malschulen, in denen farbenprächtige Bilder entstanden. Davor spielte der 1271 erstmals urkundlich als „Arneshope" erwähnte Ort eine unbedeutende Rolle. Damals existierte noch der Loop, ein Mündungsarm der Recknitz, der die Grenze zwischen dem mecklenburgischen Fischland und dem pommerschen Darß markierte. Erst Ende des 18. Jh. entstand hier ein kleines Fischerdorf.

Mit den Künstlern kamen auch wohlhabende Badegäste, in den 1920er-Jahren zählte man jährlich um die 2000. Nach dem Zweiten Weltkrieg avancierte Ahrenshoop zum beliebten Ferienziel der DDR-Kulturschaffenden. Bis heute lebt die Künstlertradition fort. Zahlreiche Galerien und Ausstellungshallen sowie mehr als ein Dutzend Kunstwerkstätten gibt es derzeit in Ahrenshoop – Tendenz steigend. Ein Ahrenshooper Kunstmuseum ist in Planung. Zentrum des kulturellen Lebens ist der Kunstkaten, der seit seiner Eröffnung 1909 Schauplatz diverser Ausstellungen und Lesungen ist.

Ahrenshoop ist ein bevorzugter Badeort. Von seiner Ursprünglichkeit hat der Ort zwar einiges eingebüßt, doch finden sich noch viele Winkel, in denen eine scheinbar unberührte Reetdach-Idylle existiert. Bei einem Gang über den so genannten „Millionenhügel", gleich hinter dem Hohen Ufer gelegen, kann man Einblicke in eines der exklusivsten Sommerhausgebiete der deutschen Ostseeküste erhalten. An der Dorfstraße, der Durchgangsstraße von Ahrenshoop, haben sich aufwändig umgebaute Hotels, edle Restaurants und teure Boutiquen angesiedelt. Gegen Ende 2009 soll an der Stelle des alten Kurhauses auf dem Schifferberg ein modernes, exklusives Grand Hotel eröffnet werden. Ein weiteres Zeichen für die Entwicklung Ahrenshoops zur noblen Adresse.

Die beiden ländlich geprägten Ortsteile **Niehagen** und **Althagen** liegen am Bodden. Obwohl die beiden Mecklenburger Dörfer geografisch zum Fischland zählen, gehören sie seit 1950 zum vorpommerschen Ahrenshoop. Trennlinie ist der Grenzweg, erkennbar an Holzpfählen, die zwischen Althagen und Ahrenshoop zu finden sind. Vom kleinen Fischerhafen in Althagen legen Fahrgastschiffe ab, und die traditionellen Zeesenboote starten zu Boddentörns. Hier leben auch mehrere Keramiker, die am Töpferweg die alte Tradition der Fischlandkeramik mit Ton aus der Region fortführen.

Auf Erkundungstour in Ahrenshoop (Karte ▶ Seite 55)

Ein Spaziergang durch das ehemalige Fischerdorf ist reich an Entdeckungen: an jeder Ecke trifft man auf schöne Fischerkaten mit blumenreichen Vorgärten oder rausgeputze Strandvillen. In den malerischen Rohrdachhäusern verbergen sich etliche Kunstgalerien, oft

Strand am Grenzweg in Ahrenshoop

nur zu Fuß über sandige Wege zu erreichen. Kern des Künstlerortes ist der leuchtend blaue **Kunstkaten** am Strandweg direkt hinter den Dünen. Hier wollen wir unseren Bummel beginnen. Seit seiner Eröffnung 1909 lockt das Gebäude Gäste mit Ausstellungen Fischländer Künstler an. Nach seinem Besuch folgen wir dem Strandweg. An der Ecke zur Dorfstraße fällt die **Bunte Stube** mit ihrem markanten Holztürmchen und der geschwungenen Fassade ins Auge. Sie wurde nach Plänen des Bauhaus-Architekten Walter Butzek 1929 neu gestaltet. Früher ein Ausstellungsraum, lädt heute in dem rot-weißen Bau ein Buch- und Kunsthandwerksladen zum Stöbern ein. Unser Weg führt uns weiter nach links entlang der viel befahrenen Dorfstraße.

Unsere Route führt uns nach knapp 400 m rechter Hand in den Paetowweg zur **Schifferkirche** (siehe Sehenswertes). Gleich gegenüber liegt das älteste Anwesen des Ortes: der nach einem ehemaligen Bürgermeister benannte Paetowsche Hof aus dem 17. Jahrhundert. In der vom Paetowweg abzweigenden Straße **Schifferberg** stehen rechter Hand einige Häuser von Mitgliedern der Malerkolonie. Wir laufen den Paetowweg weiter zum Schifferberg. Von der fast 15 m hohen Erhebung bietet sich uns ein schöner Rundblick über eine weite Wiesenlandschaft bis zum Bodden. Am Darßer Weg biegen wir nach rechts und an der folgenden Weggabelung halten wir uns wieder rechts. An der nächsten Ecke sehen wir das **Dornenhaus.**

In dem alten Fachwerkhaus mit tief heruntergezogenem Rohrdach ist eine Galerie untergebracht. Zurück zur Dorfstraße. Etwa 80 m weiter westlich führt unsere Route rechts in den **Grenzweg.** Genau hier soll, wie uns ein Schild Auskunft gibt, die Grenze zwischen Mecklenburg (Richtung Wustrow) und Pommern (Richtung Darß) verlaufen sein. Wir folgen dem Weg wenige hundert Meter bis zum **Hohen Ufer.** Der Blick von hier zählt zu den beliebtesten Fotomotiven. Keinesfalls versäumen sollte man einen Spaziergang am Steilufer, das bis zu 10 m schroff zum Meer abfällt. Oberhalb führt ein schmaler Trampelpfad entlang in Richtung Wustrow (Wanderung ▶ Seite 122). Doch diesen Ausflug heben wir uns für ein anderes Mal auf. Bei Kaffee und Kuchen in der Buhne 12 legen wir die müden Beine hoch und genießen das schöne Panorama.

Ahrenshooper Holz

Am nordwestlichen Ortsausgang hinter dem Schifferberg liegt das 54 Hektar große Naturschutzgebiet Ahrenshooper Holz. Der urwaldähnliche Mischwald bietet eine Besonderheit: Man kann hier noch einen Bestand an Ilex-Palmen (Stechpalmen) finden, die an der Ostsee nur selten vorkommen.

Sehenswertes

Schifferkirche: Die moderne rohrgedeckte Holzkirche (1951) in der Form eines umgedrehten Schiffes ist ein architektonisches Kleinod. Aus dem Stamm einer zuvor hier stehenden Pappel schuf die Bildhauerin Doris Oberländer-Seeberg einen Großteil der Inneneinrichtung. Die Schiffsmodelle, die von der Decke hängen, stammen von Heinrich Voß, einem Ahrenshooper Kapitän. Auf dem angrenzenden denkmalgeschützten Friedhof liegen Künstler und Seefahrer begraben.
Paetowweg 5, Juni–Sept. täglich 10–16 Uhr, Okt.–Mai Do–So 10–16 Uhr, Führungen über Pfarramt Prerow Tel (03 82 33/6 91 33), www.schifferkirche-ahrenshoop.de.

Kunstkaten: Das blau getünchte Haus wurde 1909 zur Glanzzeit der Künstlerkolonie von den Malern Paul Müller-Kaempff und Theobald Schorn als Ausstellungspavillon für die Ahrenshooper Maler errichtet. Noch heute steht es als Galerie für Ausstellungen, Lesungen und Konzerte offen.
Strandweg 1, Tel (03 82 20) 8 03 08, im Sommer Di–So 10–13 und 14–18 Uhr, im Winter Di–So 10–13 und 14–16 Uhr, www.kunstkaten.de.

O s t s e e

N

NSG Ahren-shooper Holz

Radweg in den Darßwald und zum Weststrand

Schifferberg

Schifferkirche

▲ Schifferberg

Paetowweg

Bunte Straße

straße

Kunstkaten

Klanggalerie

Weg

Darßer

Strand-halle

Strandweg

Kirchnersgang

Dorf-

Kurver-waltung

Feld

Weg

Grenzweg

Ostseebad Ahrenshoop

Boddenradweg nach Born

Hohes Ufer

Dornenhaus

Bernhard-Seitz-Weg

Neues Kunsthaus

Weg zum Hohen Ufer

Steilufer

Hafen-weg

Hafen-bühne

S a a l e r B o d d e n

Althäger Straße

Ortsteil Althagen

Born, Bodstedt, Zingst

Fuhge

Wiesenweg

Ortsteil Niehagen

Steilufer

Bakelberg

Wustrow 2,5 km

Steilufer

Rübnitz-Damgarten

Strand

Weißer feiner Sandstrand rechter- und linkerhand des Ortes. Der Strand auf Steilküstenhöhe in Richtung Wustrow wird schmal und steinig. DLRG wacht in Ortsnähe. Den Textilstränden im Ort schließen sich ohne Kennzeichnung FKK-Strände an.

PRAKTISCHE TIPPS

INFORMATION

Kurverwaltung, Kirchnersgang 2, 18347 Ahrenshoop, Tel (03 82 20) 66 66-0, Juni–Sept. Mo–Fr 10–18 und Sa/So 10–15 Uhr, Nebensaison: Mo–Fr 9–16, Sa 10–15 Uhr, ab 1.4. bis 17 Uhr, www.ahrenshoop.de.

PARKEN

Im Ortszentrum fast überall verboten. Parkmöglichkeiten bei der Schifferkirche oder vor dem Einkaufszentrum.

ÜBERNACHTEN

Zimmervermittlung Meerfischland, Dorfstraße 1a, Tel (03 82 20) 66 98 92, Vermietung von Ferienquartieren jeglicher Art, Preise ab: A: 35–180 €, B: 25–150 €, außerdem Fahrrad- und Strandkorbverleih, www.meerfischland.de.

Kunstkaten in Ahrenshoop

Hotels & Pensionen

Künstlerquartier Seezeichen, Dorfstraße 22, Tel (03 82 20) 67 97-0, Design-hotel mit 15 großzügigen Appartements und Wellnessbereich. Auch Ausstel-lungen und ein regelmäßig stattfindender Jazzbrunch gehören zum Ambiente, das seinen Preis hat: DZ/F A ab 190 €, B ab 150 €. www.seezeichen-hotel.de.

Romantik Hotel Namenlos & Fischerwiege, Schifferberg 2 u. 9, Tel (03 82 20) 60 60, auf mehrere Gebäude verteiltes Hotel, Zimmer mit Seeblick unterm Reetdach, mit Schwimmbad, Saunen, DZ/Frühstücksbüfett A: 85–140 €, B: 50–110 €, Suiten/F: 80–230 €, B: 60–210 €, www.hotel-namenlos.de.

Haus Elisabeth von Eicken, Dorfstraße 39, Tel (03 82 20) 69 90, www.elisa-beth-von-eicken.de, Kunsthotel im ehemaligen Wohn- und Atelierhaus der gleichnamigen Malerin, individuell von Künstlern gestaltete Zimmer, DZ/F A: 100–140 €, B: 75–120 €.

Der Fischländer, Dorfstraße 47e, Tel (03 82 20) 69 50, Hotel am nordöstlichen Ortsausgang, Zimmer im Landhausstil unterm Reetdach, Strand und Ho-tel trennt nur die Straße, kleiner Wellnessbereich, DZ/F A: 125–155 €, B: 90–140 €, Suite/F A: 175–190 €, B: 130–175 €, www.hotelderfischlaender.de.

Haus Nordlicht, Dorfstraße 34, Tel (03 82 20) 6 96 10, einladende, familien-geführte Pension zwischen Strand und Straße, helle, pastellfarbene Zimmer, teils mit Balkon, DZ/F A: 60–73 €, B: 42–57 €, www.haus-nordlicht.m-vp.de.

Strandhotel Möwe, Am Schifferberg 16-17, Tel (03 82 20) 60 80, Restaurant und maritime Cocktailbar im Haupthaus, Terrasse mit Blick auf die Ostsee, 22 freundliche Zimmer und Appartements in großzügigem Reetdachhaus idyllisch gelegen auf dem Dünenrücken, DZ/F A: 104–112 €, B: 58–95 €, www.shm-ah-renshoop.de.

Ferienwohnungen

Strandhaus Claassen, Am Strom 7, am Strandübergang 13, Tel (0 38 22) 66 98 92, ruhig gelegenes Reethaus gleich hinter der Düne, Appartements mit Ter-rasse oder Balkon, zum Teil mit Meerblick, 2-3-Pers.-App. A: ab 90 €, B: 50–95 €, DZ/F, www.strandhaus-claassen.de.

Fischer Fritz, OT Nienhagen, Bauernreihe 8, Tel (03 82 20) 8 00 17, Fischerfach-werkhaus in Boddennähe, sehr freundliche Vermieter, 5 FeWo eingerichtet im Landhausstil, eigenes Ruderboot, Kreativwerkstatt, FeWo für 2–3 Pers. A: 65–95 €, B: 35–75 €, www.fischer-fritz.de.

Töpperhus, Fam. Jankowski, OT Niehagen, Bauernreihe 8a, Tel (03 82 20) 8 01 16, reetgedeckte Bauernkate mit schönem Garten, Blick auf den Bodden, Töp-ferwerkstatt im Haus, geschmackvoll im ländlichen Stil eingerichtet, FeWo A: 65–95 €, B: 30–65 €, www.toepperhus.de.

ESSEN & TRINKEN

Café & Restaurant Namenlos, Schifferberg 2, Tel (03 82 20) 60 60, täglich ab 11 Uhr, traditionsreiches Haus mit herrlicher Seeterrasse.

Buhne 12, Ahrenshoop, Grenzweg 12, Tel (03 82 20) 2 32, Di–So 12 Uhr (im Winter nur Sa/So), absolutes Muss: Kaffee und Kuchen auf der Terrasse bzw. im Garten mit wunderbarem Meerblick oberhalb der Steilküste, sonst einfache Fischküche, aber gehobene Preise.

Kap der guten Hoffnung, OT Niehagen, Weg zum Kiel 6, Tel (03 82 20) 6 67 05, täglich ab 17 Uhr, 200 Jahre altes Fischlokal, Terrasse mit Boddenblick.

Räucherhaus, OT Althagen, Am Althäger Hafen, Tel (03 82 20) 69 46, täglich ab 12 Uhr, rustikales Fischrestaurant, überdachte Terrasse mit Blick auf Bodden, empfehlenswerte Fischküche, für Schaulustige: Showfischräuchern.

AKTIVITÄTEN

Fahrrad Gielow, Dorfstraße 21, Tel (03 82 20) 8 01 34, dem großen Schild vorn an der Hauptstraße bis ganz nach hinten zum schwarzen Schuppen folgen.

Reiterhof Andreas Völkner, OT Althagen, Althäger Straße 60, Tel (03 82 20) 2 12, Ausritte, Kutsch- und Kremserfahrten, auch Übernachtungsmöglichkeiten.

Ortsrundgänge: Jeden Mittwoch 10 Uhr vor der Kurverwaltung, Dauer: etwa 2 Stunden.

WELLNESS

Reha-Klinik, Dorfstraße 55, Tel (03 82 20) 6 35 80 oder 6 30, Buchung von Massagen, Bäderkuren und Gesundheitssport; Schwimmhalle offen für alle Mo und Mi–Fr 17–21 Uhr, Sa/So 15–21 Uhr, Sauna: Mo und Mi–So gemischte Sauna.

Künstlerquartier Seezeichen, Dorfstraße 22, Tel (03 82 20) 67 97-22, Designhotel mit Wellnessbereich: Saunalandschaft und Fitness täglich 10-22 Uhr, Massagen, Thalassoanwendungen täglich 10-20 Uhr, www.seezeichen-hotel.de.

BOOTSFAHRTEN

Zeesboot Sannert oder Blondine, Buchung über das Räucherhaus, OT Althagen, Am Hafen, Tel (03 82 20) 69 46, im Sommer täglich 10/12/14/16/18 Uhr, Fahrtzeit ca. 1,5 h, Preis für Kinder/Erwachsene: 6 €/12 €.

BESONDERE LÄDEN

Bunte Stube, Dorfstraße 24, Tel (03 82 20) 2 38, Mai–Okt. Mo–Sa 10–18, Juli/August bis 18.30, So 11–17 Uhr, Febr.–Apr. Di–Sa 11–18 Uhr, Nov.–Jan. Do–Sa 11–18 Uhr, neben anspruchsvollem Büchersortiment Ausstellungen und

Täglich frischer Fisch am Strand von Ahrenshoop

Lesungen, Kunsthandwerk, Utensilien zum Malen, www.bunte-stube.de.

Fischland Keramik im Dornenhaus, OT Althagen, Bernhard-Seitz-Weg 1, Tel (03 82 20) 8 09 63, täglich 10–19 Uhr, Kunstkeramiker Friedemann Löber arbeitet mit blau-weißem Fischland-Design, Dekor bilden Fliegen, Fische, Blumen, www.dornenhaus.de.

GALERIEN

Klanggalerie „Das Ohr", Dorfstraße 31b, Tel (03 82 20) 6 67 00, das Haus ist nicht nur im Grundriss als „Ohr" konzipiert: die Künstler lassen die Welt audio-visuell neu entdecken, mehr Infos unter www.lgm-records.de.

Strandhalle, Dorfstraße 16b, Tel (03 82 20) 8 25 22, täglich 10–13 und 14–17 Uhr, gegenüber vom Kunstkaten, wechselnde Ausstellungen zeitgenössischer Kunst sowie klassische Konzerte und Lesungen.

Neues Kunsthaus, OT Althagen, Bernhard-Seitz-Weg 3a, Tel (03 82 20) 8 07 26, Juni–Sept. täglich 10–18 Uhr, Okt./Nov. bis 17 Uhr, Winter bis 16 Uhr, Ausstellungen von Kunstwerken aus der Region, Lesungen, Konzerte, Skulpturengarten, www.neues-kunsthaus-ahrenshoop.de.

Der Darß

Darß nennt man das breite Eckstück der Landzunge, das sich von Ahrenshoop bis zum Prerowstrom erstreckt. Die Landschaft auf dem Darß mit ihrer einzigartigen Flora und Fauna steht unter Naturschutz und gehört seit 1990 zum **Nationalpark Vorpommersche Boddenlandschaft** (▶ Seite 14). Der Name Darß stammt vom slawischen *drazd*, was so viel wie „Laubwald" bedeutet. So verwundert es nicht, dass das Herzstück des Darß der 50 qkm große, urwaldartige **Darßwald** ist. Das Waldgebiet war schon Jagdrevier von Pommernherzögen, Reichsministern und DDR-Funktionären. Seit der Eingliederung in den Nationalpark kann sich die artenreiche Flora und Fauna wieder ungestört entwickeln. So haben in seinem stellenweise undurchdringlichen Grün viele Tierarten, die in anderen

Bietet viel Platz: Strand in Prerow

Regionen ausgestorben sind oder äußerst selten vorkommen, ihr Zuhause. Das Naturparadies wird im Westen von einer beeindruckenden, wilden Küste, dem **Weststrand,** und im Norden von einem breiten, weißen Sandstrand gesäumt. Charakteristisch für die eigenwillige Gestalt und die Wildheit dieser Region sind die vom Wind bizarr verformten Bäume, so genannte Windflüchter.

Im Windschatten des Darßwaldes liegen an der schilfumsäumten Boddenküste die stillen Dörfer **Born** und **Wieck,** denen sich nordwestlich das lebhafte Ostseebad **Prerow** anschließt. „Born hat das Land, Wieck hat den Sand und Prerow den Strand", behauptet ein alter Spruch. Dieser will ausdrücken, dass es den Prerowern mit ihrem florierenden Badebetrieb und den Bornern mit ihrer umfassenden Landwirtschaft noch vergleichsweise gut ging, während den Wieckern die Rolle der armen Schlucker zugewiesen war.

Der Darß gliedert sich in mehrere Abschnitte, die sich aus ihrer geologischen Entwicklungsgeschichte ergeben. Im Süden, zwischen

Ahrenshoop und Born, erstreckt sich der flache **Vordarß,** ein etwa 4000 Jahre altes Versumpfungsmoor. Der als Weideland genutzte Landstrich ist von Entwässerungsgräben durchzogen und boddenseitig durch einen Deich geschützt. Kern und erdgeschichtlich ältester Teil ist der **Altdarß.** Diese Endmoränenlandschaft entstand vor ca. 12 000 Jahren. Der sich nördlich anschließende **Neudarß** ist jüngeren Datums und entstand erst vor etwa 2500 Jahren durch stete Sandanlandungen. Doch noch heute erfährt das Land durch die Naturgewalten des Windes und der Meeresströmung weitere Veränderungen. An stürmischen Tagen kann man direkt zusehen, wie das Meer ungebremst am Darßer Weststrand nagt. Doch was Wind und Wellen hier der Küste entreißen, landet an der Nordspitze des Darßes, dem Darßer Ort, durch Anspülungen von Sand wieder an. Bis zu zehn Metern wächst die Küste hier jährlich ins Meer hinaus.

Reffe und Riegen

Vom Darßer Ort im Norden bis weit in den Darßwald hinein (Großer Stern) kann man die faszinierende Entstehung der Landmasse an „Reffen" und „Riegen" ablesen. Ein Reff ist ein Strandwall, eine Riege bezeichnet ein Dünental. Reffe und Riegen wechseln sich auf dem Neudarß gut sichtbar über 100 Mal ab. Sie verlaufen hier von Westen nach Osten. Das hängt mit der küstenparallelen Meeresströmung zusammen, die an der Westküste vom Darß Sand abträgt und an der Darßer Nordspitze wieder anlanden lässt. Dadurch bilden sich im Norden zunächst Sandbänke und Inseln, der Wind häuft dann den trockenen Sand zu Strandwällen (Reffen) auf und bildet damit wiederum Senken (Riegen) oder sogar Strandseen.

Höhenunterschied und Zeit sind für die Entwicklung der Vegetation auf Reffen und Riegen von entscheidender Bedeutung: Erste Siedler auf den Strandwällen sind salzliebende Pflanzen, die das Neuland mit Wurzeln befestigen: Dünenheide und Zwergsträucher, Wacholder und Kiefern bilden nach und nach eine Humusschicht, so dass irgendwann Birken, Eichen und schließlich Buchen einen Mischwald bilden können. Die vom Meer abgeschnittenen Seen füllen sich allmählich mit Süßwasser, lassen Röhricht wuchern und bilden viele Jahre später Moore und Erlenbrüche.

Wer mehr über den Prozess der Landentstehung auf dem Darß erfahren möchte, sollte die Ausstellung im Natureum im Darßer Ort nicht verpassen (▸ Seite 80).

In Born kann man viele schöne Reetdachhäuser entdecken

■ Born (1200 Einwohner)

Eingebettet in Wiesen und Wald schmiegt sich das lang gestreckte Dörfchen an der Südküste in eine Bucht des Saaler Boddens. Die ruhige Lage und die dörfliche Belassenheit mit Rohrdachhäusern, stattlichen Kapitänsvillen und Kopfsteinpflaster machen den besonderen Reiz des Ortes aus. Vor allem Naturfreunde wählen Born gern als Urlaubsort, denn seine zentrale Lage macht das Dorf zum idealen Ausgangspunkt für Wanderungen in den Darßwald oder Radtouren über die gesamte Halbinsel. Aber auch Segler, Surfer und Angler kommen hier voll auf ihre Kosten. In kleinen Buchten haben Boote ihre Liegeplätze und im neu ausgebauten Hafen ankern Segelyachten. Von hier blickt man auf die Gras- und Schilfinsel Bülten. Zum Baden im Meer sind es sieben Kilometer bis zum West- oder Nordstrand bei Prerow.

Der Name des Boddendörfchens leitet sich her vom slawischen Wort *bori*, was „Föhrenwald" bedeutet und auf die Lage am Waldrand anspielt. Diese Lage veranlasste wohl auch die Pommernfürsten im Mittelalter in der Nähe des heutigen Hafens ein Jagdhaus zu errichten, von dem aus sie zur Jagd ziehen konnten. Auf den zugehörigen bewirtschaftbaren Ländereien siedelten Bauern. Mit dem Aufkommen der Segelschifffahrt änderte sich auch in Born das Bild schlagartig: Die Bevölkerung wuchs, die Streusiedlung entstand, zu den Bauern gesellten sich Schiffseigner, Schmiede sowie Seiler und neben den einfachen Bauernkaten entstanden behäbige Kapitänshäuser. Der Niedergang der Segelschifffahrt im 19. Jh. bedeutete für Born aber im Gegensatz zum Nachbardorf Wieck keine völlige Verarmung, da nun verstärkt Landwirtschaft betrieben wurde. Denn Born verfügte damals wie heute über bestes Acker- und Weideland. Bis in die jüngste Vergangenheit prägte daher die Landwirtschaft den Ort. In den DDR-Jahren wurde ein agrarischer Großbetrieb mit Ställen für die Massentierhaltung errichtet. Einige leerstehende Ruinen davon finden sich noch heute. Die ersten Badegäste kamen erst ab 1930, doch mittlerweile ist der Tourismus das Zugpferd des Ortes. Längst stehen nun allerlei Ferienhauskolonien zwischen den alten Fischer- und Bauernhäusern.

Nicht entgehen lassen sollte man sich eines der zahlreichen traditionellen Dorffeste, bei denen die Borner gerne in bunten Trachten das Tanzbein schwingen. Wer gar zur Faschingszeit vorbeikommt, den erwartet ein nicht alltägliches Schauspiel. Die Einwohner des Dorfes entwerfen wochenlang hinter geschlossenen Fensterläden fantasievolle Kostüme für den Maskenball. Zum Ball gehen die Borner nämlich so stark verkleidet und maskiert, dass schon mancher seinen eigenen Nachbarn nicht erkannt hat. Erst nach der Demaskierung um Mitternacht erfährt man, wer sich hinter der Verkleidung verbirgt. Auch ein Fastnachts-Tonnenabschlagen gehört zum närrischen Treiben.

Dorfspaziergang

Für einen Spaziergang durch das Dorf sollte man sich etwas Zeit nehmen, denn die schönsten Häuser muss man suchen und sich erwandern. Der Weg führt durch verwinkelte und verschachtelte Dorfstraßen, teils mit Kopfsteinpflaster, oder über einfache Sandpisten. Die ältesten Häuser findet man im westlichen Teil der **Nordstraße** (z. B. Nr. 29). Zahlreiche behäbige Kapitänsvillen und Bauernkaten mit tief heruntergezogenen Schilfdächern und schönen Vorgärten sind vor allem in der **Chausseestraße** (z. B. Nr. 17, 45, 54, 79) oder der Südstraße zu entdecken. Blickfang sind die geschnitzten und mit farbenfrohen volkstümlichen Motiven bemalten Haustüren. Während die in einen Pferdekopf auslaufenden Giebelzeichen vor Feuer und Sturm schützen sollten, verhießen die häufigen Sonnensymbole auf den Türen einen Willkommensgruß für die heimkehrenden Seefahrer. Noch heute hält man in Born an dem alten Brauch der Seemannskultur fest, die Bemalung jährlich aufzufrischen.

N

B o d d e n

S a a l e r

Born

Radweg nach
Wieck

Bliesenrader Weg

straße

An de Bäk

straße

Einkaufszentrum

Chaussee-

Bäder-

Im Forst

Im Forst

Kurverwaltung

Forst- und Jagdmuseum

Freilichtbühne Born

Rad- und Wanderweg
zum Weststrand

Fischerkirche

Kirchweg

straße

Petersssons Hof-Café
Borner Stube

Bädermannstieg

Sommer-
theater

Chaussee-

Am Wald

Im Moor

Grüne Hufe

Im Moor

Schul-

straße

Im Moor

B

Nordstraße

Süd-

straße

Hofladen

Nordstraße

Radweg nach
Ahrenshoop

Haustür mit Lebensbaum in Born

Am **Bäckergang** treffen wir auf eine riesige Dorflinde, die schon im 17. Jahrhundert den Mittelpunkt des Dorfes bildete. Hier liegt auch „Peterssons Hof", der 1833 vom Kapitän Carl von Petersson als erstes Hotel auf dem Darß gebaut wurde. Nach Jahren des Leerstands und des drohenden Verfalls erwartet das Gebäude nun nach einer intensiven Rekonstruktionszeit seine Gäste. Besonders zu empfehlen ist das teilweise mit antikem Mobiliar ausgestattete Café in der alten Scheune.

Seit 1935 besitzt Born auch eine **Fischerkirche.** Aus Holz gebaut und mit Rohr gedeckt steht sie auf einer weiten Wiese am Rande des Kirchwegs. In ihr finden gelegentlich Konzerte statt. Zurück auf der Chausseestraße, ist das **Forst- und Jagdmuseum Ferdinand von Raesfeld** einen Besuch Wert. Ohne das Aufforsten des preußischen Forstmeisters sähe der Darßwald anders aus.

Besonders aber lockt das **Sommertheater** in der Chausseestraße in der Saison mit Theateraufführungen und Konzerten Gäste aus dem ganzen Umland, sowie die Freilichtbühne Born neben dem Jagdmuseum.

Sehenswertes

Forst- und Jagdmuseum „Ferdinand von Raesfeld": Die 1771 erbaute Oberförsterei gehört zu den ältesten Gebäuden Borns. Die Ausstellung des 1996 eröffneten Museums befasst sich mit dem Leben und Wirken des Forstmeisters Ferdinand von Raesfeld und der Darßer Forstgeschichte.
Alte Försterei, Chausseestraße 64, Tel (03 82 34) 3 02 97, Apr.–Okt. Di–So 10–16 Uhr, sonst 13–16 Uhr., Eintritt frei, Spenden willkommen.

Fischerkirche: Die einfache Holzkirche mit Reetdach (1934/35) wurde nach Entwürfen des Hamburger Architekten Bernhard Hopp errichtet, der auch die den Altarraum zierenden Holzfiguren geschnitzt hat.
Infos über Pastorat, Kirchenort 2, 18375 Prerow, Tel (03 82 33) 6 91 33, geöffnet Mi 14–16 Uhr, Sa 11–12 Uhr, Führungen nach Absprache.

Borner Stube: Die Ausstellung im Obergeschoss von Peterssons Hof-Café erzählt wie in einer Art Chronik durch Bilder und Gegenstände die Geschichte des kleinen und idyllischen Fischerörtchens. Seekisten, eine Schiffszimmermannskiste mit Werkzeug, historische Fotos und eine Truhe mit Waschholz, Unterröcken und Tüchern für die Aussteuer sind zu sehen.
Bäckergang 12b, Tel (03 82 34) 5 57 20, www.peterssons-hof.de, Besichtigung auf Anfrage.

Strand

Der unbewachte Boddenstrand eignet sich mit seinem feinen Sand zum Baden. Bis zur Ostseeküste mit ihren weiten feinsandigen Stränden sind es etwa 7 km.

INFORMATION

Kurverwaltung, Chausseestraße 73b, 18375 Born, Tel (03 82 34) 5 04 21, Vermietung und Informationen zur Region, Juli–Aug. Mo–Fr 9–18 Uhr, Sa/So 10–16 Uhr (im Juni nur Sa 10–14 Uhr), Nebensaison: Mo–Fr 9–16.30 Uhr, www.darss.org.

HOTELS & PENSIONEN

Walfischhaus, Chausseestraße 74, Tel (03 82 34) 5 57 84, Bio-Pension, kleiner Familienbetrieb in restauriertem Kapitänshäuschen am Hafen, 7 helle, geräumige Zimmer mit Holzdielen, teils mit Balkon/Terrasse, DZ/F A: 116–124 €, B: 96–100 €, www.walfischhaus.de.

Haus Seezeichen, Im Moor 3a, Tel (03 82 34) 55 98 01, komfortable Zimmer unterm Reetdach, Kiefernmöbel, Garten, Sauna gegen Gebühr, DZ/F A: 60 €, B: 39–46 €, 2-Pers.-App. A: 44–77 €, B: 22–48 €, www.darss-haus-seezeichen.de.

FERIENWOHNUNGEN

Strandgut, Chausseestraße 95, Tel (03 82 34) 3 00 68, ruhig gelegen Reetdachanlage mit stilvoll eingerichteten FeWo, die seemännische Namen wie Kombüse oder Kajüte tragen, teils mit Terrasse/Balkon, FeWo A: 64–149 €, B: 49–109 €, www.ferienhaus-strandgut.de.

JUGENDHERBERGE

JH Ibenhorst, Born-Ibenhorst, Im Darßer Wald, Tel (03 82 34) 2 29, Umweltjugendherberge mit Betten in Bungalows und bunten Schwedenhäusern, etwa 3 km außerhalb (Richtung Ahrenshoop) abseits der Straße im Nationalpark gelegen, Ü/F A: 22,90 €, B: 21,90 €, (über 27-Jährige plus 5 €), www.djh-mv.de.

CAMPING

Regenbogen-Camp Born, Nordstraße, Tel (03 82 34) 2 44, Apr.–Okt., Campingplatz zwischen Wald und Wiesen am Saaler Bodden, Verleih von Fahrrädern und Paddelbooten, außerdem: Reiten, Surfschule, Segeln und Sommerkino, www.regenbogen-camp.de.

ESSEN & TRINKEN

Mühlenstube, Nordstraße 25, Tel (03 82 34) 4 72, März–Nov. Mi–So 11.30–22 Uhr, zum Gasthaus umgebaute Windmühle mit Außenterrasse, beliebte Fischgaststätte der Region.

Peterssons Hof-Café, Bäckergang 12b, Tel (03 82 34) 5 57 20, täglich ab 8.30 Uhr, gemütliches Café mit antikem Mobiliar und Terrasse unter Lindenbäumen, offener Kamin, www.peterssons-hof.de. Im Capitänshaus neben dem Café stehen ganzjährig 5 Ferienwohnungen zur Verfügung, Näheres bitte erfragen.

Walfischhaus, Chausseestraße 74, Tel (03 82 34) 5 57 84, täglich 12–22 Uhr, Mi Ruhetag, Bio-Café-Restaurant in altem Kapitänshaus, regionale Küche mit Produkten aus ökologischem Anbau.

AKTIVITÄTEN

Neumann's Fahrradshop, Im Moor 2, Tel (03 82 34) 2 72, Verkauf, Verleih und Reparatur, Mo–So 8–19 Uhr, www.neumann-darss.de.

Reiterhof Kafka, Im Moor 17/Grüne Hufe 6, Tel (03 82 34) 2 49, Reitunterricht, geführte Ausritte, Kutsch- und Kremserfahrten durch den Darßer Wald.

Nationalparkamt Vorpommersche Boddenlandschaft, Im Forst 5, Tel (03 82 34) 5 02-0, Ausstellung „Darß-Wanderung" und Informationen zum Nationalpark, Öffnungszeiten und Führungen telefonisch erfragen, wöchentlich Rad- und Fußwanderungen durch den Darßwald und zum Weststrand, www.nationalpark-vorpommersche-boddenlandschaft.de.

Ortsrundgang, jeden Di um 10 Uhr, Treffpunkt an der Haltestelle Waldschänke.

SEGELN & SURFEN

Kitesurf & Kanu, Regenbogen-Camp, Nordstraße, Tel (03 82 34) 5 55 82, Kurse, Verleih von Ausrüstungen und Kanus, Surfstrand neben Campingplatz, www.kiten-lernen.de

Hafen am Koppelstrom, 35 Gastliegeplätze, Auskünfte über Hafenmeister Herrn Witt, Mobil: (01 71) 8 38 09 19.

BOOTSFAHRTEN

MS „Heidi" nach Prerow, Reederei Rasche, Auf dem Ende 8, Tel (03 82 34) 2 10, Juni–Aug. 9.50 und 15.15 Uhr, März–Mai und Sept.–Nov. 10 und 14.10 Uhr, www.reederei-rasche.de.

Boddenrundfahrt mit dem MS Bültenkieker, Tel (03 82 20) 8 55, Boddenrundfahrten nach Ahrenshoop/OT Althagen täglich Mai–Sept. 11.15/15.10/17.35 Uhr, Ende Okt. bis Anfang April keine Abfahrt, www.boddenschifffahrt.de.

Kultur

Sommertheater, Chausseestraße 90, Tel (03 82 34) 5 04 21, die Kleinkunstbühne der Kurverwaltung zeigt Kabarett, Lesungen und Konzerte von Apr.–
Okt., Programm in Kurverwaltung erfragen (s. o.).

Darß-Festspiele, Freilichtbühne Born, Chausseestraße 64, Tel (03 82 34) 5 58
12, neben dem Forstmuseum. Die Festspiele sind 2009 wegen eines Anlieger-
streits vorerst von Wieck nach Born umgezogen, heitere Theaterstücke regionaler Dichter in Hochdeutsch, Plattdeutsch oder Missingsch, eine vereinfachte
Form des Niederdeutschen. Neben den Abendaufführungen werden auch Kin-
dervorstellungen angeboten, www.darss-festspiele.de.

Besondere Läden

Hofladen Gut Darß, Am Wald 26, Tel (03 82 34) 5 06 27, Mo–Fr 9–18, Sa 9–12
Uhr, Nov.–Apr. Mo–Fr 9–17, Sa 9–12 Uhr, für Fleischkenner ein echter Geheim-
tipp: Im Hofladen des Gutes kann man Rind- und Wildspezialitäten probieren
und kaufen. Das Biofleisch von Gut Darß entstammt ausschließlich eigener
Zucht, www.gut-darss.de.

Einkaufen

E neukauf Born, Bäderstraße 1, Tel (03 82 34) 30 10 1, Mai–Sept. Mo–Sa 8–20
Uhr, So 11–18 Uhr, außerhalb der Saison reduzierte Öffnungszeiten.

■ Wieck (730 Einwohner)

Umgeben von Wiesen und Viehweiden liegt das kleinste Darßdorf
abgelegen am Ufer des Bodstedter Bodden. Der niederdeutsche Name des Dorfes bedeutet „Bucht" und beschreibt die idyllische Lage zwischen zwei Landzungen. Die ländliche Atmosphäre sowie die
ruhige Boddenlage machen den kleinen Ort zu einem Paradies für
alle, die Ruhe und Erholung suchen und doch nicht weit von den
Darßattraktionen untergebracht sein wollen.

Bei so viel Beschaulichkeit möchte man kaum glauben, dass zu
Zeiten der großen Segelschifffahrt im Wiecker Hafen mehr Schiffe
verkehrten als im Hafen von Barth. Noch heute erinnern einige wenige reetgedeckte Kapitänshäuser an diese Blütezeit der Seefahrt,
die den Wieckern Anfang des 18. Jh. zu Wohlstand verhalf. Mit dem
Wegfall dieses Erwerbszweiges durch die aufkommende Dampfschifffahrt begann für Wieck jedoch der Abstieg zum ärmsten Ort
auf dem Darß. Im Gegensatz zu anderen Orten entwickelte sich
der Fremdenverkehr hier sehr spät. Bis heute ist der Tourismus nur
gering ausgeprägt. Die meisten Besucher sind Tagesgäste, die mit

Töpferei in Wieck

dem Rad auf dem gut ausgebauten Ostseefernradweg nach Prerow unterwegs sind und Wieck für eine entspannende Rast oder einen Besuch des Nationalpark- und Gästezentrums Darßer Arche nutzen.

Dorfspaziergang

In der Ortsmitte steht die Attraktion von Wieck, die **Darßer Arche.** In dem Neubau, der wie ein aufgedocktes Schiff konzipiert wurde, befindet sich das Nationalpark- und Gästezentrum. Die Ausstellung und Multivisionsschau ermöglicht auf 400 qm eine virtuelle Reise durch die Boddenlandschaft. Wer keine Zeit hat, die Natur zu beobachten, kann sich unter anderem einen Film mit grandiosen Bildern von Europas größtem Kranichrastplatz ansehen, oder in einem Brandungstunnel der Kraft des Meeres lauschen.

Von den nur noch wenigen alten Häusern in Wieck ist vor allem die Doppelbüdnerei von 1784 am Trommelplatz 1 zu erwähnen. Daneben sind noch einige alte Fischerhäuser in der **Bauernreihe** (hier vor allem Nr. 4 und 14) zu finden. Hier steht auch die Hauptstütze des Tourismus: das Hotel Haferland einschließlich Gourmetrestaurant. Auf der dem Bodden zugekehrten Seite der Bauernreihe breitet sich der modernisierte Seglerhafen aus. Dort führen zwei lange Brücken ins Wasser und zur Bootsanlegestelle. Von hier sieht man zum Ortsteil **Bliesenrade.** Der Weiler, der nur aus einigen Gehöften und Ferienhäusern besteht, liegt malerisch auf einer Landspitze, deren Ausläufer Nadelhaken heißt. Der abgeschiedene Ort wurde erst 1953 an das Elektrizitätsnetz angeschlossen. Man erreicht ihn, indem man am östlichen Ende der Chausseestraße in Born auf den Radweg nach Wieck (Bliesenrader Weg) abbiegt, auf dem es stets geradeaus geht (nicht der Abzweigung nach links nach Wieck folgen!). Der Uferspaziergang bietet schöne Impressionen der Boddenlandschaft und für Vogelfreunde gute Beobachtungsmöglichkeiten.

Sehenswertes
Nationalpark- und Gästezentrum „Darßer Arche": Multivisionsschau über die verschiedenen Lebensräume der Boddenlandschaft. Bliesenrader Weg 2, Tel (03 82 33) 7 03 80, Mai–Sept. täglich 10–18 Uhr, von Okt.–April telefonisch erfragen, www.darßer-arche.de.

Galerie Künstlerdeck: Präsentiert werden in wechselnder Folge Werke aller Genres von Künstlern aus Mecklenburg und Vorpommern. In der Darßer Arche, Mai–Okt. täglich 10–18 Uhr, Nov.–Apr. Mi–So 10–16 Uhr.

Strand
Am Bodstedter Bodden gibt es einige unbewachte Badestellen, z. B. nahe des Sporthafens. Der Nordstrand an der Ostsee bei Prerow ist ca. 5 km entfernt und gut per Rad zu erreichen.

Schmugglernest Wieck
Der Johann-Segebarth-Weg erinnert an den 1833 in Wieck geborenen Kapitän und Heimatdichter, dessen bekanntestes Buch „De Darßer Smuggler" heißt. Erzählt wird darin über den lebhaften Schmuggel, der im 19. Jh. zwischen Vorpommern und dem mecklenburgischen Fischland getrieben wurde. Die Grenze verlief damals zwischen der Recknitzmündung durch den Bodden nach Ahrenshoop. Hauptsitz der Schmuggler war Wieck. Sie fuhren nachts auf Booten quer über den Bodden. Im Winter, wenn der Bodden zugefroren war, benutzten sie Schlittschuhe. Der riskanteste Abschnitt waren die Engpässe bei Bliesenrade und bei den Borner Bülten, wo die Zöllner und Gendarmen auf der Lauer lagen. Doch man hatte vorgesorgt: Von der Borner Mühle signalisierten Ortskundige mit Lichtzeichen, ob die Luft rein war. Als 1868 Mecklenburg dem Deutschen Zollverein beitrat, war es mit dem einträglichen Nebengewerbe vorbei.

INFORMATION

Kurverwaltung in der „Darßer Arche", Bliesenrader Weg 2, 18375 Wieck,
Tel (03 82 33) 2 01, Juni–Aug. täglich 10–18 Uhr, im Sept.–Mai reduzierte Öffnungszeiten telefonisch erfragen, neben Zimmervermittlung Informationen
über die Vorpommersche Boddenlandschaft, www.darss.org.

ÜBERNACHTEN

Hotel Haferland, Bauernreihe 5, Tel (03 82 33) 6 80, Vier-Sterne-Hotel mit
Reetdach in ruhiger Lage am Seglerhafen; Sauna, Schwimmbad; 45 Zimmer im
Landhausstil, DZ/F A/B: 123–180 €, www.hotelhaferland.de.

Pension Reetwinkel, Postreihe 3, Buchung über: K.-H. Mitzon, Berlin, Tel (0
30) 65 47 07 77, helle und komfortable FeWo in reetgedecktem Neubau; Sauna und Whirlpool gegen Aufpreis, Südterrasse; Fewo für 2 Pers. A: 65–95 €, B:
40–90 €, www.reetwinkel.de.

Altes Kloster, Cavelhorster Gang 4, Kontakt über Fr. Müller-Bühl, Tel (07 21) 45
36 53, FeWos in 300 Jahre altem Reetdachhaus, ruhige Lage, Terrasse, Garten,
FeWo 2 Pers. A: 80 €, B: 50–70 €, FeWo 5 Pers. A: 120–130 €, B: 80–110 €.

Ferienhaus Traumfänger, Kargweg 23, Kontakt über Fr. A. Junkhoff, Tel (0 49
54) 92 20 73, reetgedecktes Holzhaus (Neubau) mit moderner, gemütlicher
Einrichtung, Kamin, Terrasse, Platz für 5 Pers., A: 90 €, B: 40–80 €.

Am Wiecker Hafen

ESSEN & TRINKEN

Gourmetrestaurant Jäger's Tafelfreuden, im Hotel Haferland, Bauernreihe 5, Tel (03 82 33) 68 0, Sternekoch Kurt Jäger serviert frische Kräuter- und Aromen-küche in bürgerlich-ländlichem Stil.

Fischers Hof, Nordkaten 1, Tel (03 82 33) 4 91, Fischrestaurant und Fischver-kauf frisch vom Boddenfischer.

Fernblau, Bliesenrader Weg 2, in der Darßer Arche, Tel (03 82 33) 70 11 31, täg-lich ab 9 Uhr, gemütliches Bio-Café mit moderner Glasveranda und herrlicher Terrasse, Biobackwaren aus der Region, die Frühstücksangebote sind nach Malern benannt: Picasso zum Frühstück.

AKTIVITÄTEN

Neumis Fahrradbude, Müggenberg 31, Tel (03 82 33) 7 05 36, Verleih und Ver-kauf, Reparatur.

Reiterhof Schummek, Cavelhorst 9, Tel (03 82 33) 5 87, Kutsch- und Kremser-fahrten durch den Nationalpark.

SEGELN & SURFEN

Sportboothafen, Infos beim Hafenmeister Herrn Lohmeyer: Am Hafen, Tel (01 60) 8 40 64 56.

BOOTSFAHRTEN

Boddenturn auf Zeesboot „Marie Luise", Kontakt über Herrn Hinrichs, Tel (01 71) 6 24 09 73.

Große Boddenrundfahrten mit Fahrradtransport durch die Neuendorfer und Borner Bülten mit der **MS „Bültenkieker",** Mitte Juni bis Anfang Sept. täg-lich bis Ahrenshoop und zurück ab Hafen Wieck um 9.45, Ankunft um 18.45 Uhr. Angelegt wird in Born, Bodstedt und Althagen. Abendfahrten jeden Sa in der Saison ab Wieck 19 Uhr. Fahrgastbetrieb Kruse u. Voß, Tel.(03 82 20) 5 88. www.boddenschifffahrt.de.

BESONDERE LÄDEN/MÄRKTE

Töpferei am Müggenberg, Müggenberg 9, Tel (03 82 33) 6 97 16, So–Do ab 11 Uhr, Fr und Sa und außerhalb der Saison nach telefonischer Absprache, schöne Keramikgefäße meist aus leuchtendem Türkis.

Biomarkt jeden Mi und Sa vor der Darßer Arche, Produkte der Region, ne-ben Obst und Gemüse, Käse und Wurst auch Spezialitäten wie Ziegenkäse mit Holzasche, selbstgemachtes Sanddorngelee und Brot aus biologisch kontrol-liertem Anbau.

Prerow (ca. 1700 Einwohner)

Der gut besuchte Badeort liegt an der Nordseite der Halbinsel im Windschatten der Prerowbucht. Beliebt ist Prerow nicht nur wegen seiner Nähe zum Darßwald, sondern vor allem wegen seines traumhaften Nordstrandes. Bis zu 90 m breit, weiß und feinkörnig lockt er im Sommer tausende Sonnenhungrige. Aber auch der wilde Weststrand (▶ Seite 81) ist in einer schönen Wanderung schnell erreicht.

Prerows Ortskern erstreckt sich weitläufig und lang gezogen etwas landeinwärts und ist durch einen Küstenwald und den Prerowstrom vom Nordstrand getrennt. Die vielen Feriengäste, die sich im Sommer hier einmieten, haben dem Ostseebad nur wenig von seiner gemütlichen Atmosphäre geraubt. Vielerorts findet man einstöckige, reetgedeckte Häuser mit bunt geschnitzten Türen inmitten blumenreicher Gärten. In den letzten Jahren entstand neben zahlreichen neuen Hotels, Pensionen und Ferienwohnungen auch eine moderne Reha-Einrichtung. Der weiträumige Eindruck des Ortes hat geologische Gründe, die Einfluss auf die Ortsentwicklung hatten. So wurden die Häuserzeilen innerhalb des Ortskerns auf in Ost-West-Richtung verlaufenden erhöhten Dünenzügen, den Reffen, erbaut. Dazwischen befinden sich breite, feuchte und teils sumpfige von Wiesen sowie Gärten eingenommene Dünentäler, die Riegen (mehr zu Reffen und Riegen ▶ Seite 62).

Früher verband der Prerowstrom die Ostsee mit dem Bodden und trennte den Darß von der Insel Zingst. Aus dieser Tatsache leitet sich auch der Name „Prerow" ab, der aus dem Slawischen stammt und sinngemäß „am Durchbruch liegend" bedeutet. Im 17. Jh. entwickelte sich aus dem einstmals armen Bauerndorf Prerow ein wohlhabender Fischer- und Seefahrerort. Drei Werften und 106 Schiffskapitäne mit dem Patent für große Fahrt will man hier in der Mitte des 19. Jh. gezählt haben. Doch nach der verheerenden Sturmflut von 1872, die ganz Prerow unter Wasser gesetzt hatte, wurde beim Bau des Seedeichs 1874 die Mündung des Prerowstroms als Schutzmaßnahme zugeschüttet. Als Folge verlor der Ort seinen natürlichen Hafen und die zahlreichen ansässigen Fischer ihre Lebensgrundlage. Auch mit der Seefahrt ging es bergab. Um der daraus folgenden wirtschaftlichen Not zu entkommen, besannen sich die Einheimischen auf ihre landschaftlichen Vorzüge und gründeten das Seebad. Bald entstanden erste Pensionen und Hotels. Anfangs waren es nur einige hundert Badegäste und um 1910 (mit dem Bau der Darßbahn) bereits einige tausend. Zur DDR-

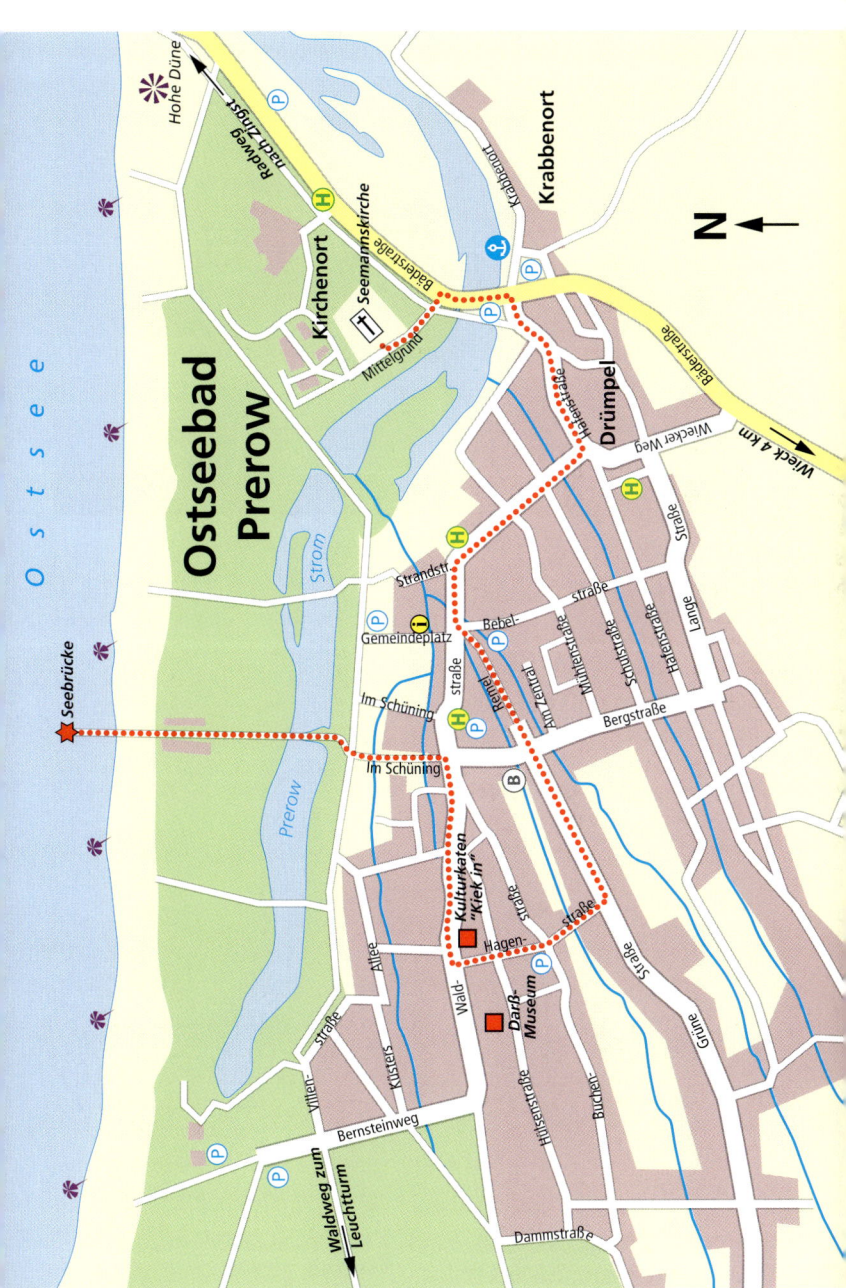

O s t s e e

Seebrücke

**Ostseebad
Prerow**

Hohe Düne

Radweg nach Zingst

Kirchenort

Seemannskirche

Krabbenort

Krabbenort

N ←

Mittelgrund

Drümpel

Wiecker Weg

Baderstraße

Wieck 4 km

Strom

Strandstr.

Bebel-

straße

Gemeindeplatz

Im Schüning

Im Schüning

Reep

Hafenstraße

Am Zentral

Mühlenstraße

Schulstraße

Hafenstraße

Lange

Straße

Bergstraße

B

Prerow

Kulturkaten
"Kiek in"

straße

Hagen-

Straße

Wald-

straße

Darß-
Museum

Hüttenstraße

Grüne

Straße

Buchen-

Allee

Küsters

Villen-

straße

Bernsteinweg

Waldweg zum
Leuchtturm

Dammstraße

Die Seebrücke in Prerow ist 390 Meter lang

Zeit entwickelte sich Prerow zu einem regelrechten Urlaubsmek-
ka: bis zu 80 000 Besucher zählte man hier pro Saison. Der heute
„Regenbogencamp" genannte Campingplatz westlich von Prerow
war auch damals schon legendär. Der Platz ist der einzige Ort an
der Küste, an dem man inmitten der Dünen sein Zelt aufschlagen
darf. Der Strand auf dieser Höhe war bereits zu DDR-Zeiten eine
FKK-Domäne. Noch heute bietet Prerow den größten FKK-Strand
Deutschlands.

Spaziergang durch Prerow (Karte ▶ Seite 77)

Etwas landeinwärts, am Altarm des Prerowstroms, findet man den
alten Ortskern mit dem **Prerower Hafen.** Er ist der Ausgangspunkt
für unseren Spaziergang durch Prerow. Der Hafen entstand erst
nach der Schließung der Mündung des Prerowstroms 1874. Davor
verband eine kleine Holzbrücke die beiden Ufer und noch früher
verkehrte eine Fähre zwischen Darß und Zingst. Hier liegen die
ältesten Ortsteile von Prerow, **Drümpel** und **Krabbenort.** Während
der Name Drümpel, was „Haufen" bedeutet, auf die bäuerlichen Ur-
sprünge Prerows verweist, erinnert der Name Krabbenort an die
Niederlassung der Krabbenfischer, die früher an der Strommün-
dung Garnelen als Köder für die Fische fingen. Heute liegen im Hafen Fischerboote vor Anker, Fahrgastschiffe und Zeesenboote starten zu Boddenrundfahrten.

Vom Hafen sind es nur wenige Meter zur ältesten Kirche der Halbinsel (Ausschilderung folgen). Die **Prerower Seemannskirche** steht hinter Bäumen versteckt jenseits des Stroms und somit nicht auf Darßer, sondern auf Zingster Boden. Für die Darßbewohner war daher der Besuch des Gottesdienstes bis zur Schüttung des Dammes 1874 mit einer umständlichen Fährfahrt verbunden.

Wieder zurück am Hafen erreichen wir über Hafenstraße und dann rechts in die Strandstraße schnell das **Ortszentrum.** Der größte Teil des touristischen Lebens spielt sich rund um die **Waldstraße** ab. Hier befinden sich alle wichtigen Geschäfte, diverse Hotels sowie Restaurants als auch das Darßmuseum und die Kurverwaltung. Am Beginn der Waldstraße zweigt linker Hand ein schmaler Weg namens Remel ab. Dieser führt in die Grüne Straße, in der neben freundlichen Einfamilienhäusern eine Reihe alter Schifferhäuser mit bunten Haustüren stehen (z. B. Nr. 13, 16, 33). Besonders augenfällig ist das reetgedeckte „Eschenhaus" (Nr. 8) von 1779 mit seiner schönen Tür von 1840. Hier lebte bis zu seinem Tode der Darßmaler Theodor Schultze-Jasmer. Eine kleine Querverbindung, die Hagenstraße, führt uns vorbei an alten Wiesengehöften von der Grünen Straße zur Buchenstraße, wo weitere schöne Schifferhäuser zu entdecken sind (z. B. Nr. 12, 20, 26). Über die Hagenstraße kommen wir wieder zur Waldstraße. Auf ihr gehen wir zuerst einige Meter nach links und erreichen das **Darßmuseum.** Nach dem Besuch geht's nach rechts vorbei am **Kulturkaten** „Kiek in", der seit 2008 einen modernen Anbau erhalten hat. Bald darauf wechseln wir die Straßenseite und biegen in den Weg „Im Schüning" ein, der uns durch die Niederung des Prerowstroms führt. Den Dünenwald hinter uns lassend, gelangen wir über eine Bummelmeile mit Souvenirläden und Imbissbuden zur 390 m langen **Seebrücke.** Im Sommer lässt sich vom Brückenkopf wundervoll beobachten, wie die Sonne an der Spitze des Darßer Orts ins Wasser taucht.

Sehenswertes

Darßmuseum: Im Museum kann sich der Besucher über den Werdegang des über 125 Jahre alten Badewesens und über die handwerklichen Traditionen vom Darß informieren. Zudem gibt die Ausstellung interessante Einblicke ins Seemannsleben. Neben Informationen zu Natur und Meer kann man auch eine historische Seemannsküche samt Zimmer besichtigen. Führungen (dienstags 10 Uhr), Museumswerkstatt für Kinder, Pilzberatungsstelle.
Waldstraße 48, Tel (03 82 33) 6 97 50, Mai–Okt. Di–So 10–18 Uhr, Nov.–Apr. Fr–So 13–17 Uhr, Eintritt 2 €, www.darss-museum.de.

Seemannskirche: Die älteste Kirche der Halbinsel wurde zur Schwedenzeit 1728 fertig gestellt. Der Innenraum der roten Backsteinkirche mit dem hölzernen Kirchturm ist in den Wasserfarben Blau, Grün und Grau gehalten. Von der Decke hängen Schiffsmodelle, die als Votivgaben für erhoffte oder geglückte Rettung aus Seenot gestiftet wurden.

Infos über Pastorat, Kirchenort 1, Tel (03 82 33) 6 91 33, täglich 10–16 Uhr.

Leuchtturm und Natureum Darßer Ort

Der über 35 m hohe Leuchtturm wurde Anfang 1849 in Betrieb genommen und war bis 1978 von einem Leuchtturmwärter besetzt. Heute ist er das älteste noch in Betrieb befindliche Leuchtfeuer an der Ostseeküste. Über 127 Stufen einer gusseisernen Wendeltreppe gelangt man zur Aussichtsplattform. Von hier oben bietet sich ein grandioser Rundblick, nicht nur über die abwechslungsreiche Naturlandschaft der Halbinsel, bei gutem Wetter sogar bis Hiddensee und Rostock. In den Nebengebäuden des Leuchtturms ist eine Außenstelle des Deutschen Meeresmuseums Stralsund, das Natureum, untergebracht. Zu sehen ist ein kleines Aquarium, eine Ausstellung über die regionaltypische Dünenbildung und Verlandung sowie über die Tiere und Pflanzen der Region. Das freundliche Museumscafé lädt bei leckeren (und preiswerten) Kuchen zur Rast, ist allerdings nur zu besuchen, wenn man den Eintritt zur Ausstellung entrichtet.

Tel (03 82 33) 3 04, Mai–Okt. täglich 10–18 Uhr, Nov.–Apr. Mi–So 11–16 Uhr, Eintritt 4 €.

Anfahrt: Das Areal ist nicht mit dem Auto erreichbar. Von Prerow sind es 5 km zu Fuß (Wanderung ▸ Seite 126) oder per Rad. Eine bequeme Alternative bieten Kremserfahrten vom westlichen Ortsrand in Prerow (einfach 3,50 €, ermäßigt 2 €).

Strand

Der 5 km lange, feinsandige Nordstrand in der Prerower Bucht fällt flach ab und ist deshalb für Familien besonders geeignet. Bewachter Abschnitt in der Nähe der Seebrücke. FKK- und Hundeabschnitte schließen sich in Richtung Zingst an.

Den im Nationalpark gelegenen naturwüchsigen Weststrand erreicht man von Prerow auf einem etwa 4 km langen ausgeschilderten Weg durch den Darßwald nur zu Fuß oder mit dem Rad. Strandeinrichtungen fehlen hier (▸ Seite 81).

Darßer Weststrand (Tour ▶ Seite 130, Karte ▶ Seite 128)

Windumtost, wildromantisch und sich immer wieder erneuernd:
Der 12 km lange Darßer Weststrand gehört zu den eindrucks-
vollsten Stränden der gesamten Ostseeküste. Und nicht nur der Ostseeküste: Der deutsch-französische Sender ARTE zählte ihn 2006
zu den zwanzig markantesten Stränden der Welt. Vom Wind bizarr geformte Bäume, so genannte Windflüchter, beugen sich über
spärlich bewachsene Dünen. Im feinen Sand sammelt sich hier und
da von Wind und Strömung angetragenes Strandgut. Hinter dem
Weststrand erstreckt sich der dichte, urwüchsige Darßwald. Da der
Strand sehr exponiert liegt und schweren Stürmen ausgesetzt ist,
brechen immer wieder Stücke aus dem Ufer – einschließlich der
Bäume, die am Küstensaum wachsen. Ein Gewirr von Wurzeln, Äs-
ten und Baumleichen bedeckt daher den weißen Sand. An diesem
Küstenabschnitt wird Sand abgetragen und mit der Strömung nach
Norden getrieben. Jahr für Jahr schrumpft so der Weststrand mehr
und mehr. Am Darßer Ort (▶ Seite 126) werden die Sandmassen
wieder angelagert. Auch die Hohe Düne von Pramort (▶ Seite 87)
ist aus dem Sand des Weststrandes entstanden.

Erreicht werden kann der Weststrand nur zu Fuß oder per Fahrrad über ausgeschilderte Wanderwege durch den Darßwald. Oder
man wandert von Ahrenshoop aus einfach immer am Strand entlang. Parkplätze befinden sich in den Ortslagen von Ahrenshoop,
Born, Wieck und Prerow sowie bei Drei Eichen am Südrand des
Darßwaldes. Wegen seiner abgeschiedenen Lage und dem breiten,
feinkörnigen Sandstrand ist der Weststrand ein beliebtes FKK-Re-
fugium.

PRAKTISCHE TIPPS

INFORMATION
Kur- und Tourismusbetrieb, Gemeindeplatz 1, 18375 Prerow, Tel (03 82 33) 61
00, Information und Zimmervermittlung, Juni–Sept. Mo–Fr 9–20 Uhr, Sa/So
10–20 Uhr, verkürzte Öffnungszeiten in der Nebensaison, www.ostseebad-pre-
row.de.

PARKEN
Kostenpflichtige Parkplätze am östlichen sowie westlichen Ortsrand, Parklücken im Ort sind in der Saison schwierig zu finden.

HOTELS & PENSIONEN
Hotel Bernstein, Buchenstraße 42, Tel (03 82 33) 6 40 00, Nov.–März Winter-

pause, modernes 4-Sterne-Hotel direkt am Darßwald; Wellnessbereich „Darß-arium" mit Sauna und Dampfbädern, beheizter Außenpool, Restaurant, Minigolf, Fahrradverleih; 127 exklusiv ausgestattete Zimmer und Suiten, DZ/F A: ab 102 €, B: ab 98 €, www.tc-hotels.de.

Hotel-Residenz Rennhack, Hagenstraße 1, Tel (03 82 33) 70 00, modernes 4-Sterne-Hotel in traditionellem Baustil unterm Reetdach (1998 erbaut), Fischrestaurant im Haus; Sauna, Fahrradverleih, Kaminzimmer, Sonnenterrasse; 17 komfortable Zimmer und Suiten, Stilmöbel, DZ/F A: 124–139 €, B: 85–110 €, Suite/F A: 141–155 €, B: 90–124 €, www.residenz-rennhack.de.

Carpe Diem, Grüne Str. 31b, Tel (03 82 33) 70 80, das Wellnesshotel verströmt einen Hauch von Asien, 10 Zimmer und Appartements mit hochwertiger Ausstattung, ayurvedische u. a. Angebote, DZ/inkl. Biofrühstück A: 120 €, B: 110 €, www.carpe-diem-prerow.de.

Hotel Waldschlösschen, Bernsteinweg 4, Tel (03 82 33) 61 70, 1890 in englischem Landhausstil erbaut, 33 freundlich möblierte Zimmer, großer Wellnessbereich mit Meerwasser-Hallenbad, Saunen, Restaurant, DZ/HP für 2 Personen A: ab 180 €, B: ab 142 €, www.waldschloesschen-prerow.de.

Pension Voß, Villenstraße 6, Tel (03 82 33) 6 01 36 u. 6 01 37, sympathische Herberge in ehemaliger „Villa Holzerland" aus dem Jahr 1895, liegt im Wäldchen 500 m vom Strand entfernt, Blick auf Prerowstrom und Hafen, 20 Zimmer mit einfacher Ausstattung über mehrere Gebäude verteilt, DZ/F A: 69–95 €, B: 31–80 €, www.pension-voss-prerow-darss.de.

FERIENWOHNUNGEN

Ferienhäuser und -wohnungen ohne Ende, viele sind über die Zimmervermittlungen zu buchen:

Zimmerbörse Prerow, Strandstraße 24, Tel (03 82 33) 6 92 01, tägl. 8–22 Uhr, Vermittlung von Ferienhäusern und Ferienwohnungen, A: 87–280 €, B: 45–170 €, www.zimmerboerse-prerow.de und www.prerow-ferienhaeuser.de.

FerienService Prerow, Am Zentral 17, Tel (03 82 33) 7 17 76, Vermietung von Ferienhäusern und Ferienwohnungen, www.ferienservice-prerow.de.

Haus am Deich, Hafenstraße 3a, Tel (03 82 33) 3 42, moderne Schwedenhäuser in Strandnähe, Korb- und Holzmöbel, teils Balkon/Terrasse, Fewo f. 2 Pers. A: 55–75 €, B: 47–75 €, für 4 Pers. A: 75–100 €, B: 60–85 €, www.haus-am-deich.de.

Residenz Kormoran, Grüne Straße 45 a-r, Tel (03 82 33) 63 00, Ferienanlage mit 17 Ferienhäusern am Darßwald, teilweise reetgedeckt, modern eingerichtet, Sauna und Internet-Café, Fewo f. 2 Pers. A: 80–105 €, B: 35–60 €, 3-Zi-Maisonette-Whg. 5-6 Pers. A: 130 €, B: 80–90 €, www.residenz-kormoran.de.

Am naturbelassenen Darßer Weststrand

Haus hinter den Dünen, Bernsteinweg 6, Tel (03 82 33) 70 60, moderne Ferienanlage in Strandnähe; Kinderspielplatz, Gartentischtennis, Sauna, Minigolf, Kiefernholzmöbeln, Terrasse/Balkon; App. 2 Pers. A: 80–105 €, B: 35–
70 €; FeWo 6 Pers. A: 125 €, B: ab 80 €, www.haus-hinter-den-duenen.de.

CAMPING

Regenbogen Camp, Waldstraße 8, Tel (03 82 33) 3 31, ganzjährig, 800 Stellplätze für Wohnmobile und Zelte, direkt am Strand gelegen, Campen am
Strand möglich (auch FKK), Vermietung von eingerichteten Wohnwagen möglich; Kinderanimation, Einkaufsmöglichkeiten, Kino, Sauna, Segeln, Surfschule, Angeln etc., www.regenbogen-camp.de.

Meißner's Sonnen-Camp, Villenstraße 3, Tel (03 82 33) 6 01 98, ganzjährig, direkt am Strand zwischen Kiefern und Dünen, Ferienhäuser, Wohnwagen, www.meissners-sonnencamp.de.

ESSEN & TRINKEN

Seegasthof am Hafen, Lange Straße 2, Tel (03 82 33) 3 28, täglich ab 12 Uhr, preisgekrönte Gaststätte mit rustikal-maritimem Flair und fangfrischem Fischangebot, schwere Messing- und Kupferlampen versprühen nostalgisches Flair, www.prerow.de/hafen/index.htm.

Teeschale, Waldstraße 50, Tel (03 82 33) 6 08 45, Di–So 12–22 Uhr, gemütliche Teestube in denkmalgeschütztem Kapitänshaus, auswählen kann man zwischen 80 Teesorten, dazu gibt es selbstgebackenen Kuchen, www.teeschale-prerow.de.

Seeblick, An der Seebrücke, Tel (03 82 33) 3 48, Apr.–Okt. und zum Jahreswechsel täglich 11.30–22 Uhr, zweistöckiges Fachwerkhaus an der Seebrücke, von der Dachterrasse Blick aufs Meer, gute Fischküche, www.wolff-prerow.de.

Darßer Leuchtturm, Waldstraße 5a, Tel (03 82 33) 4 48, Di–So ab 11.30 und ab 17.30 Uhr, Nov.–Jan. geschlossen, eine der ältesten Gaststätten des Ortes, das Angebot reicht von frischen Ostseeheringen über gedünstetes Seelachsfilet bis hin zur edlen Seezunge, www.darsser-leuchtturm.de.

Binnen und Buten, Hauptübergang 2a, Tel (03 82 33) 6 01 88, täglich 12–22 Uhr, beliebte Fischgaststätte mit rustikaler Holzeinrichtung unterm Rohrdach, Spezialitäten von fangfrischem Fisch, an Sommerabenden Live-Musik im Biergarten.

NACHTLEBEN

Dünenbar, Hauptübergang 15, Tel (03 82 33) 7 04 77, Mai–Aug. täglich ab 21 Uhr, schicke Tanzbar im Dünenhaus direkt an der Seebrücke, gute Cocktails, gemischtes Publikum.

AKTIVITÄTEN

Fahrradverleih Wiedner, Grüne Straße 20a und 2b, Tel (03 82 33) 6 01 87, außerdem Vermietung von Bollerwagen und Go-Cards.

Reittouristik Jennerjahn, Mühlenstraße 13, Tel (03 82 33) 6 01 60, geführte Ausritte, Reitkurse.

Kutsch und Kremserfahrten Alfred Kayserling, Schmiedeberge 20, Tel (03 82 33) 6 02 78, Kremserfahrten und Kutschfahrten durch den Nationalpark.

Kinderwelt im Möwentreff, Am Hauptübergang 26 zur Seebrücke, 1300 qm großes Ravensburger Spielzimmer, in dem Kinder die Wasserwelt kennen lernen, 9–21 Uhr, Kinder ab 4 Jahre 7 €, Erwachsene 4 €, www.moewentreff.de.

Tennisplatz im Hotel Bernstein, Buchenstraße 42, Tel (03 82 33) 6 40, Außen-
anlage.

WELLNESS
Darßarium mit Sauna, Dampfbädern und beheiztem Außenpool, im Hotel
Bernstein, Buchenstraße 42, Tel (03 82 33) 6 40 00, Nov.–März geschlossen.

Sauna und Schwimmbad im Hotel Waldschlösschen, Bernsteinweg 4,
Tel (03 82 33) 61 70.

BOOTSFAHRTEN
Mississippidampfer „River Star", Schiffsrundfahrten durch den Nationalpark
ab Hafen Prerow, März–Mai/Sept.–Nov. täglich 11.30/14.30/16.30 Uhr, Juni–
Aug. täglich 11/14/16/18.30 Uhr, Reederei Poschke, Tel (03 82 34) 2 39,
www.reederei-poschke.de.

MS „Ostseebad Prerow", Boddenrundfahrten ab Hafen Prerow, Juni–Aug. täglich 10/13/15/17 Uhr und März–Mai/Sept.–Nov. 10.30/13.30/15.30, von Sept.–
Okt. ab 17.30 Uhr Kranichfahrten, Reederei Rasche, Tel (03 82 34) 2 10,
www.reederei-rasche.de.

SURFEN & SEGELN
UST – Surf- und Segelschule, Tel (03 82 33) 6 94 94, Surfstrand am Regenbo-
gen-Campingplatz direkt in den Dünen, Kurse, Verleih, Surfshop, www.unisurf-
team.de.

KULTUR
Kulturkaten „Kiek in", Waldstraße 42, Tel (03 82 33) 6 10 25, März–Okt. und
zum Jahreswechsel, die anspruchsvolle Kleinkunstbühne im alten reetgedeckten Kapitänshaus hat einen geräumigen Anbau erhalten; zeigt Kabarett,
Theater, Konzerte, Lesungen und wechselnde Ausstellungen.

Cinema, Waldstraße 5, Tel (03 82 33) 6 01 41, professionellstes Kino der Halbinsel, täglich bis zu fünf Filmvorführungen, www.cinema-prerow.de.

BESONDERE LÄDEN
Atelier für Bernsteinkunst, Bergstraße 1, Tel (03 82 33) 7 08 32, Mo–Fr 11–20
Uhr, einzigartige Kunstwerke und fantasievolle Skulpturen aus dem „Gold des
Nordens".

Nordische Buch- und Kunsthandlung, Bernsteinweg 2, Tel (03 82 33) 2 82, neben Büchern Kunstgewerbe und Webereien.

Möwentreff, Am Hauptübergang, Familiencenter mit Restaurant „Rindsfisch",
Sauna, Fitness, Cocktailbar „O.E." mit Blick auf Ostsee, www.moewentreff.de.

Der Zingst

Östlich vom Darß erstreckt sich über 20 km die flache Landzunge des Zingst. Der Zingst bietet lange Strände, ein geschäftiges Ostseebad und viel geschützte Natur. Mit Ausnahme des Ostseebads gehört der gesamte Zingst zum **Nationalpark Vorpommersche Boddenlandschaft.**

Der Name „Zingst" leitet sich vermutlich von dem slawischen Wort *seno* ab, was soviel wie Heu bedeutet und auf die weitläufigen Wiesen verweist, die jahrhundertelang als Viehweiden dienten. Durch die starke Beweidung entstanden im Laufe der Zeit die typischen, von Wassergräben durchzogenen Salzwiesen. Daneben gibt es auf dem Zingst auch größere Waldgebiete wie den 800 ha großen **Osterwald** in östlicher oder das moorige Waldgebiet des **Freesenbruchs** (▸ Seite 132) in westlicher Richtung. Der feinsandige Zingster Strand zieht sich schnurgerade an der Ostseeküste

Kranichzug

entlang, bis er sich an der **Hohen Düne** bis zu 12 m auftürmt.

Jenseits des Osterwaldes erstreckt sich die **Sundische Wiese.** Ihr Name ist vom früheren Eigentümer abgeleitet, der Stadt Stralsund. Diese besaß das Grasland vom 13. Jh. bis 1902. **Pramort** markiert das äußerste Ende der Halbinsel. In der Bodden- und Wattlandschaft davor liegen die Vogelschutzinseln **Kirr, Oie** sowie **Großer** und **Kleiner Werder.** Die Salzwiesen, Boddengewässer und Wattlandschaften sind bedeutende Rastplätze für Zugvögel. Im Frühjahr und Herbst kann man ein überwältigendes Naturschauspiel beobachten, wenn sich hier zehntausende Kraniche niederlassen (▶ Seite 137).

Bis 1874 war der Zingst eine Insel. Durch die große Sturmflut von 1872 versandete der Prerowstrom und wurde zwei Jahre später zugeschüttet. Seither schützt sowohl auf der See- als auch auf der Boddenseite ein Seedeich das Land. Doch der Zingst ist eine Landschaft im Wandel: Bei Pramort am Ostzipfel wächst die Landzunge stetig in das dortige Watt hinein. Eines Tages wird so der Zingst mit der Insel Großer Werder verbunden sein.

◼ Zingst (3200 Einwohner)

Das Ostseebad Zingst ist der größte und touristischste Ort der Halbinsel. Weitläufig erstreckt sich das stattliche Familienbad zwischen Ostsee und Bodden. Im Sommer, wenn alle 10 000 Gästebetten ausgebucht sind, verwandelt sich der sonst beschauliche Ort in einen gut bevölkerten Tummelplatz. Neben vielseitigen kulturellen und sportlichen Angeboten sind es vor allem die herrliche Lage, der feine Strand und die stille Boddenlandschaft, die die Beliebtheit des Ortes ausmachen.

Zingst war 1823 aus der Zusammenlegung der kleinen Boddensiedlungen Hanshagen, Pahlen und Rotes Haus entstanden, womit auch die auffallend große Ausdehnung des Seebades zu erklären ist. Zur Blütezeit des Seehandels Anfang des 19. Jahrhunderts brachte es das Seefahrerdorf zu ansehnlichem Wohlstand. Durch die abgeschiedene Lage der damaligen Insel Zingst kamen jedoch erst Mitte des 19. Jahrhunderts erste Feriengäste hierher. Als mit dem Aufkommen der Dampfschifffahrt viele der alten Segelschiffskapitäne brotlos wurden, gründeten sie 1881 ein „Comité zur Einführung des Badewesens". Diese Vermarktungsstrategie hatte Erfolg und Zingst entwickelte sich zum größten Badeort der Halbinsel. Der Bauboom ist seither ungebrochen. In den vergangenen Jahren schossen in Zingst exklusive Hotelkomplexe und Ferienhauskolonien wie Pilze aus dem Boden, die dem Seebad ein modernes Ambiente verleihen. Vom alten Seefahrerdorf sind nur noch Bruchstücke zu finden.

Spaziergang durch Zingst (Karte ▶ Seite 89)

Unser Spaziergang beginnt am Bodden, wo der hübsche, modern ausgebaute Hafen liegt. Zur Zeit der Segelschifffahrt herrschte hier ein reges Treiben, denn Zingst besaß nach Barth und Stralsund die meisten Schiffe. Heute starten hier Ausflugsschiffe, die über den Zingster Strom in den Bodden und sogar zur Insel Hiddensee fahren. Über die Hafenstraße verlassen wir den Hafen und biegen dann links in die Jordanstraße. Nach einigen Metern treffen wir auf einen kleinen Kreisverkehr, von dem in nördlicher Richtung die **Strandstraße** abzweigt. Die Strandstraße gehört mit einer Anreihung von Galerien, Souvenirshops und Restaurants zu den Hauptbummelmeilen des Badeortes. Von den historischen Schifferhäusern, die sie einst zierten, sind heute nur noch einige zu entdecken. In der Strandstraße Nr. 19, dem „Haus Morgensonne", ist heute das **Heimatmuseum** untergebracht. Eines der ältesten erhalten gebliebenen Häuser steht in der Strandstraße Nr. 7. In der Nr. 6 erinnert ei-

ne Flutmarke an das Sturmhochwasser von 1872, das auch Zingst schwere Schäden und Landverluste zufügte. Die Bahnhofsstraße, die kurz vor dem Fischmarkt nach links abbiegt, ist noch ein Relikt aus jener Zeit, als Zingst an die Darßbahn nach Barth angeschlossen war. Deren Gleise wurden 1945 als Reparationsleistung abgebaut. Nach derzeitigen Bauplänen (2009) soll bis 2015 die Bahnstrecke bis Prerow wieder ausgebaut werden. Unser Weg führt uns weiter auf der Strandstraße geradewegs zur neuen 270 m langen **Seebrücke.** Bevor unser Spaziergang am Brückenkopf mit einem schönen Ausblick endet, kommen wir am neuen **Kurhaus** (2000) vorbei, in dem zahlreiche Veranstaltungen und Ausstellungen stattfinden. An der neu gestalteten **Deichpromenade** reihen sich moderne Hotels und Appartementhäuser aneinander. Der Deich selbst ist Teil des Schutzsystems, das aus Buhnen, Düne, Schutzwaldstreifen und Deich besteht und den schmalen Zingst vor Sturmfluten schützt.

Sehenswertes

Peter-Pauls-Kirche: Die schlichte, turmlose Kirche liegt etwas versteckt. Folgt man der Strandstraße, muss man beim Fischmarkt in den Nehmzowsgang einbiegen, der geradewegs zur Kirche führt. Sie wurde im Jahr 1862 von dem Berliner Hofbaumeister Friedrich August Stüler, einem Schüler Schinkels, im neugotischen Stil erbaut. Auf dem Friedhof dahinter befindet sich das weiße Grab-

Blauer Katen in Zingst

kreuz der Heimatdichterin Martha Müller-Grählert, die 1908 mit dem Liedtext „Wo de Ostseewellen trecken an den Strand" im norddeutschen Raum bekannt wurde.
Info über Pastorat, Kirchweg 8, Tel (03 82 32) 1 52 26, Mai–Okt. täglich, www.ev-kirche-zingst.de.

Heimatmuseum „Haus Morgensonne": In einem hübschen alten Kapitänshaus untergebracht, dokumentiert die Ausstellung Wissenswertes und Kurioses über die Zingster Geschichte, wie z. B. die Wiege, in der ein Kleinkind einst bei der großen Sturmflut vor dem Ertrinken gerettet wurde. Ein Zimmer ist auch der Heimatdichterin Martha Müller-Grählert gewidmet.
Strandstraße 19, Tel (03 82 32) 1 55 61, April Mo–Sa 10–16 Uhr, Juli/Aug. Mo–Sa 10–17 Uhr, Sept./Okt. und Mai/Juni Mo–Sa 10–17, So 14–17 Uhr Uhr, Nov.–März Di/Do/Sa 10–16 Uhr, Jan. geschlossen.

Pommernstube/Bernsteinzimmer: Schaumanufaktur von traditionellem Handwerk mit Workshops, im Dachgeschoss befindet sich das sehenswerte Bernsteinzimmer.
Strandstraße 3, Tel (03 82 32) 8 97 70, Apr.– Okt. täglich 10–18 Uhr, Nov–März Di/Do/Fr/Sa 10–17 Uhr, www.pommernstube-zingst.de.

Seenotrettungsschuppen: In dem Backsteinbau von 1875 befindet sich eine kleine Ausstellung rund um die Seenotrettung.
Strandstraße, Tel (03 82 32) 1 53 50, tagsüber geöffnet, Eintritt frei.

Informationszentrum des Nationalparks Vorpommersche Boddenlandschaft, Sundische Wiese: Die Ausstellung „Lebensräume" macht mit der natürlichen Dynamik des Gebietes vertraut. 9 km von Zingst entfernt (Radtour ▸ Seite 134). Mo–Fr fährt von Zingst (zentrale Haltestelle) zur Sundischen Wiese und umgekehrt einmal am Tag die Buslinie 210.
Sundische Wiese, Tel (03 82 34) 50 20, www.nationalpark-vorpommersche-boddenlandschaft.de, Apr.–Sept. täglich 10–17 Uhr, Okt.–März täglich 10–16 Uhr, Eintritt frei.

Strand

Der lange, feinsandige, 10 m breite Strand zieht sich von Prerows Nordstrand bis weit hinter das Ostseebad. 2 km östlich von Zingst ist der Strand gesperrt, da hier die Kernzone des Nationalparks beginnt. Bewachte Textilstrände mit Strandkorbarealen im Ortsbereich, FKK-Abschnitte an den Strandaufgängen 5 und 14 sowie außerhalb des Ortes.

INFORMATION
Haus des Gastes, Seestraße 56, 18374 Zingst, Tel (03 82 32) 8 15 80, das Kurhaus befindet sich direkt auf dem Deich bei der Seebrücke, maritimes Restaurant, Veranstaltungen, Ausstellungen, Wellnessstudios, Informationen zur Region, täglich 9–21 Uhr, www.zingst.de.

PARKPLÄTZE
Parklücken sind eher schwierig zu finden. Kostenpflichtige Parkplätze an den Ortsrändern.

ÜBERNACHTEN
Zimmervermittlung der Kur- und Tourismus GmbH, Am Bahndamm 71, Tel (03 82 32) 8 15 21, Ferienhäuser und Ferienwohnungen, www.zingst.de.

Zingster Zimmerbörse, Strandstraße 51, Tel (03 82 32) 8 93 97, Ferienunterkünfte aller Art, www.zingster-zimmerboerse.de.

HOTELS & PENSIONEN
Steigenberger Strandhotel, Seestraße 60, Tel (03 82 32) 84 21 00, Neubau (2006) im Retro-Bäderstil, an der Seebrücke, 117 Zimmer, 1400 qm Wellnessbereich, DZ/F ab 122 €. Gegenüber liegt das etwas einfachere Steigenberger Apparthotel mit 103 Appartements, ab 77 €, www.strandhotel-zingst.steigenberger.de.

Vier Jahreszeiten, Boddenweg 2, Tel (03 82 32) 17 40, First-Class-Hotelneubau (2004) mit 95 Zimmern und Suiten am östlichen Ortsrand, familienfreundlich (Kinderbetreuung, -animation), großer Wellness- und Beautybereich, Restaurants, Bars, DZ/F A: ab 160 €, B: ab 120 €,www.vier-jahreszeiten.de.

Meerlust, Seestraße 72, Tel (03 82 32) 88 50, Wellnesshotel mit 35 Zimmern, Salzwasserschwimmbad, Saunen, Beautyfarm, Massagen, geräumigen Zimmern, DZ/F A: ab 210 €, B: ab 180 €, www.hotelmeerlust.de.

Hotel Marks, Jordanstraße 7, Tel (03 82 32) 1 61 40, modernes Hotel (1994) auf Waldgrundstück am Bodden, ausgezeichnet als nationalparkfreundliches Hotel, 21 Zimmer in warmen Farben und mit Rattanmöbeln ausgestattet, DZ/F A: 99–135 €, B: 89–119 €, www.hotel-marks.de.

Pension Fischer's Hus, Dahnhofstraße 7, Tel (03 82 32) 1 56 34, familiengeführte Pension mitten im Ort, 300 m zum Strand, 12 App., 2-Zi-App./F A: 71–95 €, B: 49–69 €, www.pension-fischers-hus.de.

Schlösschen Sundische Wiese, Landstraße 19, Tel (03 82 32) 81 80, kleines familiäres 4-Sterne-Hotel in ehemaligem Jagdschlösschen (1900) 8 km außer-

Seebrücke in Zingst

halb von Zingst direkt am Nationalpark, Restaurant, Sauna, Fahrradverleih, Kinderspielplatz; Zimmer und App., DZ/F A: 129–154 €, B: 74–134 €, App. A: ab 164 €, B: 99–154 €, www.hotelschloesschen.de.

FERIENWOHNUNGEN

Ferienpark Freesenbruch, Schwalbenweg, Tel (03 82 32) 16 00, weitläufige Anlage mitten im Nationalpark, große Spielwiese, Schwimmbad, Sauna, komfortable App. und FeHäuser, App. A: 65–115 €, B: 40–74 €, FeHaus A: 108–138 €, B: 52–101 €, www.freesenbruch-zingst.de.

Achtern Diek am Strand, Buchung über: Inge Buttlar, Tel (0 56 85) 18 99, neues Reetdachhaus direkt am Strand, ruhig gelegen, 2 Wohnungen mit Balkon/Terrasse, modern eingerichtet, FeWo 2–3 Pers. A: 69–105 €, B: 39–75 €, www.inge-buttlar.de.

Das blaue Haus, Störtebekerstraße 4, Kontakt über Herrn von Wedelstädt, Tel (03 85) 6 40 10 53, restaurierte, blaue Fischerkate mit Reetdach, malerischer Blumengarten, Strandnähe, Fahrräder; Wohnungen für bis zu 4 Personen, FeWo A: 55 €, B: ab 40 €.

CAMPING

Wellness-Camp Düne 6, Inselweg 9, Tel (03 82 32) 1 76 17, ganzjährig, 5-Sterne-Campingplatz auf schönem Wiesenplatz, 200 m zum Strand, kinderfreundlich, im Sommer auch Kinderanimation, chlorfreie Schwimmhalle, Saunaland-

Fischerboot am Zingster Strand

schaft und Fitness (gratis für Gäste), Restaurant, Friseur, Spielplatz, Surfschule, Fahrradverleih, www.wellness-camp.de.

Am Freesenbruch, Am Bahndamm 1, Tel (03 82 32) 1 57 86, ganzjährig, preiswertes Camping auf idyllischem Platz hinterm Deich, 50 m vom Strand, Sauna, Fitness, Fahrradverleih, Kinderspielplatz, www.camping-zingst.de.

Jugendherberge

JH Zingst, Glebbe 14, Tel (03 82 32) 1 54 65, Bungalows und Bettenhäuser mitten im Grünen zentral im Ort, 10 Min. zum Strand; Klubräume, Bibliothek, Billard, Tischtennis, Sport- und Grillplatz, Fahrrad- und Kanuverleih, Ü/F 21,50–25,50 €, www.djh-mv.de.

Essen & Trinken

Restaurant Meerlust, Seestraße 72, Tel (03 82 32) 88 50, nur abends geöffnet, Feinschmeckerrestaurant mit exquisiten Kreationen in einem stilvollen Ambiente (Menü um 40 €).

Skipper, Strandstraße 53, Tel (03 82 32) 1 56 80, täglich ab 11,30 Uhr, Restaurant in einer weißen Villa direkt an der Strandpromenade, maritimes Geschirr an Decken und Wänden, Fischgerichte und Fleisch vom Lavasteingrill.

Goldener Hirsch, Barther Straße 1a, Tel (03 82 32) 8 94 20, täglich 17–22 Uhr, Sa/So auch 12–14 Uhr, Wildrestaurant in gemütlicher rustikaler Jagdstube, auch Fischgerichte, alles zu fairen Preisen, www.goldener-hirsch-zingst.de.

Schlösschen Sundische Wiese, Landstraße 19, Tel (03 82 32) 81 80, am Fahrweg nach Pramort, 8 km außerhalb von Zingst, täglich 12–21 Uhr, gehobene Gastronomie, Fisch-, Wild- und Fleischgerichte, tagsüber „Wanderkarte" mit leichten Gerichten, www.hotelschloesschen.de.

Besonders leckeren **Räucherfisch und Fischbrötchen** gibt es bei **Kruses Fischkutter** am Hafen rechts.

NACHTLEBEN
Kon Tiki, Seestraße 32, Tel (03 82 32) 1 55 44, Apr.–Sept. ab 12 Uhr, Okt.–März ab 17 Uhr, Cocktailbar hinterm Deich am Strandübergang 8, mexikanische und argentinische Küche, Live-Musik von Jazz bis Folk, Disko, www.kon-tiki-bar.de.

Aschers, Boddenweg, hinter dem Hotel Vier Jahreszeiten, Bar, Club, Lounge mit After-Beach-Partys, Do–Sa ab 22 Uhr, Eintritt 2 €, www.aschers.de.

AKTIVITÄTEN
Reiterhof Illner, Landstraße, Ortsteil Müggenburg, Tel (03 82 32) 1 56 28, Ponyreiten, Kutschfahrten (nach Voranmeldung).

Freizeitsportanlage, Boddenweg 13/15, Tel (03 82 32) 1 22 00, täglich 10–22 Uhr, große Tennisanlage mit Hallen- und Außenplätzen, Badminton, Sauna, www.fsa-zingst.de.

Ortsführungen mit Erläuterungen zur Geschichte und Gegenwart des Ostseebades, Apr.–Okt. Mo und Do, Dauer ca. 3 Stunden, Treff: 10 Uhr Kurhaus.

WELLNESS
Kurmittelzentrum, Rämel 5, Tel (03 82 32) 8 31 01, Meerwasserschwimmbad mit 30 Grad warmem Wasser, Massagen, Sauna und Minigolf, www.kmcz.de.

Pur im Hotel Vier Jahreszeiten, Boddenweg 2, Tel (03 82 32) 17 40, Wellness-Bereich mit Fitness, Saunen und Schwimmbad, täglich 10–22 Uhr, www.solarmar.de.

Wellness-Camp Düne 6, Inselweg, Tel (03 82 32) 1 76 17, chlorfreies Schwimmbad, Sauna, Wellnessbereich, für Hausgäste gratis, www.wellness-camp.de.

BOOTSFAHRTEN
Fähre Zingst–Barth, Apr./Mai, Sept/Okt. stündlich 11–16 Uhr, Saison 10.30–17.30 Uhr, Fahrgastschifffahrt Poschke, Tel (03 82 34) 2 39, Preise: einfach: 5 €, Kind: 3,50 €, Fahrradmitnahme möglich, www.fahrgastschifffahrt-fischland-darss-zingst.de.

MS „Swantevit" von Zingst nach Ribnitz-Damgarten, Mai–Sept. Di–Sa 9.25 Uhr (ab Juli auch Mo), außerhalb der Saison Abfahrtszeiten erfragen bei Reederei Oswald, Tel (01 70) 5 84 16 44.

Boddenrundfahrt mit MS Baltic Star durch den Nationalpark ab Zingst, Reederei Poschke, Tel (03 82 34) 2 39, März–Mai und Sept.–Nov. 11.30/14.30/16.30 Uhr, Juni–Aug. 11/14/16/18.30 Uhr, Sept./Okt. täglich Kranichfahrten.

Reederei Hiddensee, Fahrt nach Hiddensee (April–Mai, Di und Do, Mai–Mitte Sept. Di–So, Mitte Sept.–Okt. Di, Do, So, Hin- und Rückfahrt 21 €), oder Stralsund (Mai–Okt. Mo und Sa, Hin- und Rückfahrt 15,50 €), mit 4-stündigem Landgang, Abfahrt jeweils 9 Uhr, Tel (0 38 31) 26 81-0, www.reederei-hidden-see.de.

Kranichfahrten oder Segeltörns auf Zeesenboot „Möwe", Herr Gräfe, Tel (03 82 32) 8 06 78; Zeesenboot „Dorothea", Herr Radke, Tel (03 82 32) 1 53 55, in der Saison mehrmals täglich, 12 € Erwachsene, 6 € für Kinder.

SURFEN & SEGELN

Kite & Surf Club, Sportstrand Übergang 6, Tel (01 72) 3 14 49 09, 2-Tage-Kite-Kurs 199€, 3-Tage-Windsurf-Kurs 140 €, www.kite-club.com.

KULTUR

Schule des Sehens, Seestrand 56, Tel (03 82 32) 8 15 80, Di–Sa 10–12 und 14–17 Uhr, Fotogalerie des GEO-Fotografen Heinz Teufel in Strandnähe, Veranstaltungen wie Vorträge, Konzerte, Lesungen.

TIPP FÜR KINDER

Experimentarium, Seestraße 76, Tel (03 82 32) 8 46 78, Nov.–März Di–So 10–16 Uhr, Sept./Okt. und Apr.–Juni Di–So 10–17 Uhr, Juli/Aug. 10–18 Uhr, Erw. 6 € (mit Kurkarte 4,90 €), erm. 4,50 € (mit Kurkarte 3,90 €), www.experimentarium-zingst.de.
Spielen, basteln, knobeln, experimentieren mit Wasser, Sand und Licht. In der Ideenwerkstatt „Pfiffikus" können Regenmacher, Kaleidoskope u.v.m. gebastelt werden. Preiswerte Nudelgerichte im hauseigenen Bistro.

Club-Kino, Boddenweg 8, Tel (03 82 32) 8 08 73, Kino mit Bar, Ostern bis Ende Okt. täglich ab 15 Uhr.

MÄRKTE & BESONDERE LÄDEN

Zingster Biomarkt, Do 10–14 Uhr, neben dem Heimatmuseum auf dem Museumshof, Strandstraße 19, Obst und Gemüse, Honig aus dem Nationalpark, Wildwurst aus Born, frisch geräucherter Fisch aus dem Holzbackofen.

Der Weinladen, Lindenstraße 9, Tel (03 82 32) 8 95 57, Weine und Feinkost, kleines Lokal, mediterrane Küche, Apr.–Okt. täglich ab 14 Uhr, Nov.–März Do, Fr und Sa ab 14 Uhr, Weihnachten u. Silvester täglich, www.weinladenzingst.de.

Blick auf Barther Stadtkirche, Marktplatz und Bodden

■ Barth (10 000 Einwohner) Tour ▶ Seite 138

Die beschauliche Kleinstadt liegt in der Küstenniederung am Barther Bodden. Rund um den historischen Stadtkern ziehen sich ringförmig hübsche Gässchen mit farbenfrohen Fassaden.

Die alte vorpommersche Hafenstadt wurde 1159 erstmals urkundlich erwähnt und erhielt 1255 das Stadtrecht. Bis zum Ende des 15. Jh. war sie Residenz der rügischen und später pommerschen Herzöge, die die Stadt zur wirtschaftlichen Blüte führten. Durch Dreißigjährigen Krieg und Schwedenherrschaft geschwächt, verarmte Barth. Erst durch Segelschifffahrt und Schiffbau setzte im 18. und 19. Jh. ein neuer Aufschwung ein. Werften, und große Reedereien entstanden, so dass sich Barth im 19. Jh. zum zweitgrößten Seehafen Preußens entwickelte. Ende des 19. Jh. ging die große Schiffbauzeit zu Ende und Barth entwickelte sich als typisches pommersches Städtchen in einem bäuerlichen Umfeld. Mit der Zunahme des Fremdenverkehrs auf dem Zingst und Darß konnte das Städtchen als Durchgangsort Gäste gewinnen. Neben seinem mittelalterlichen Stadtkern ist es aber vor allem Barths Umgebung, die für einen längeren Aufenthalt spricht: So erschließt sich dem Besucher östlich von Barth eine reizvolle und stille Uferlandschaft mit sanften Hügeln, die schöne Rundblicke über Bodden und Hinterland bieten.

Seit 1998 sind die Bürger Barths im Legendenfieber: Vielleicht liegt doch vor den Toren der Stadt im Barther Bodden die sagenumwobene Handelsstadt Vineta? Flugs wurden zur Erhärtung der Vermutung die alljährlich stattfindenden **Vineta-Festspiele** mit einem Theaterspektakel auf einer Schwimmbühne am Hafen erfunden. Und im Rathaus wurde das Vineta-Museum eröffnet, wo neben Stadtgeschichtlichem die neuesten Erkenntnisse zur Vineta-Forschung dokumentiert werden. Die Sage um Vineta handelt von einer einst reichen und mächtigen Stadt an der Ostsee um das Jahr 1000, deren Bürgern jedoch vor lauter Reichtum jede Moral abhanden kam. Hochmütigkeit und Verschwendungssucht regierten in der lasterhaften Stadt, bis die Strafe Gottes in Form einer riesigen Flutwelle alles im Meer versinken ließ.

Stadtbummel

Einen guten Ausgangspunkt für einen Stadtspaziergang stellt das 35 m hohe **Dammtor** von 1357 dar. Dies ist der einzige originale Eingang zum alten Kern der Stadt, die noch den kreisförmigen mittelalterlichen Grundriss hat. Durch die spitzbogige Einfahrt des Tores führt der Weg über die Dammstraße direkt zum Zentrum des kleinstädtischen Lebens: dem Marktplatz. Über die umliegenden, zweigeschossigen Häuser erhebt sich hier die wuchtige **Stadtkirche St. Marien.** Von ihrem Turm bietet sich eine schöne Aussicht über

Am Barther Stadthafen

die Boddenlandschaft.

Die Lange Straße südlich des Marktes ist die Einkaufspassage im fröhlichen Durcheinander von Giebel- und Fachwerkhäusern, Putzfassaden des 18. und 19. Jh. sowie Gründerzeitklinkern. In dieser Straße befinden sich auch das **Vineta-Museum** und die Stadt-Information. Es lohnt, durch die angrenzenden Gassen mit ihren niedrigen Häuschen zu bummeln. So gelangen wir auch über den Reifergang und die August-Bebel-Straße zum **Rathaus.** Der imposante Bau wurde 1927 in Anlehnung an die Backsteingotik errichtet. Zurück am Markt machen wir einen Abstecher über die Fischer- und Klosterstraße zum **Adeligen Fräuleinstift,** einem schlossartigen Barockbau von 1733. Über die Fischerstraße gelangen wir zum neu ausgebauten, weitläufigen **Stadthafen.** Er erinnert mit seinem Kornspeicher an die Zeiten betriebsamer Schifffahrt. Heute liegen vor allem Sportboote sowie Yachten an der Kaimauer. Die neue Hafenpromenade mit ihren Cafés und kleinen Geschäften lädt zum Flanieren ein. Rechter Hand fällt ein großes Gebäude ins Auge. Das ist das Ringhotel Speicher, ein gelungener Umbau eines alten Speichers zu einem modernen Hotel. Auch der Glasbau des Hafenmeisterbüros setzt auf eine Zukunft Barths als kultureller und touristischer Anziehungspunkt.

Sehenswertes

St. Marienkirche: Das Wahrzeichen der Stadt wurde im 13. Jh. erbaut. Beeindruckend ist die von F. A. Stüler stammende Innengestaltung. Vom 87 m hohen Turm bietet sich ein schöner Rundblick. Mo–Fr 10–16, Sa 10–15 Uhr, Führungen nach Absprache Tel (03 82 31) 27 85.

Adliges Fräuleinstift: Der dreiflügelige, schlossartige Barockbau wurde 1733 anstelle des einstigen Fürstenschlosses von dem schwedischen König Friedrich I. etabliert und ist das einzige schwedische Klosterstift in Deutschland. Seit zehn Jahren dient es als Einrichtung für betreutes Wohnen und temporär als Außenstelle des Vineta-Museums.
Hunnenstraße 2

Vinetamuseum: Das Museum ist in einem ehemaligen Kaufmannshaus untergebracht. Es zeigt auf drei Etagen stadtgeschichtliche Exponate und Informationen zu Ostseelegenden wie Seepirat Klaus Störtebeker und zum Vineta-Mythos. Besucher mit Vollbart oder dem Familiennamen Barth erhalten freien Eintritt.
Lange Straße 16, Tel (03 82 31) 8 17 71, Di–Fr 10–17, Sa 10–17, So 11–17 Uhr, 6 €, erm. 5 €, www.vineta-museum.de.

VERBINDUNGEN

Bahn: Usedomer Bäderbahn im 2-Stunden-Takt Barth–Stralsund, aus Hamburg in Velgast, aus Berlin in Stralsund umsteigen. Der Bahnhof befindet sich am südlichen Ende der Langen Straße.

Bus: Linie 210 ab Barth Bahnhof über Fischland-Darß-Zingst nach Ribnitz-Damgarten (Mo–Fr im 2 Stunden-Takt, Sa/So im 2-3 Stunden-Takt).

Fähre: Barth–Zingst, stündlich 11–16 Uhr, Juni–Aug. 10.30–17.30 Uhr, Preise: einfach: 5 €, Kind: 3,50 €, Fahrradmitnahme möglich, Reederei Poschke, Tel (03 82 34) 2 39, www.fahrgastschifffahrt-fischland-darss-zingst.de.

INFORMATION

Barth Information, Lange Straße 13 und im Steuerhaus am Hafenstraße 10a, 18356 Barth, Tel (03 82 31) 24 64, Mo–Fr 10–13 und 14–17 Uhr, Steuerhaus, täglich 11–17 Uhr, www.stadt-barth.de.

ÜBERNACHTEN

Ringhotel Speicher, Am Osthafen 2, Tel (03 82 31) 6 33 00, 4-Sterne-Hotel in ehemaligem Kornspeicher, großzügige und modern gestaltete Zimmer und Suiten, mit fantastischem Boddenblick, Wellnessbereich, DZ/F A: 110 €, B: 80 €, Suite/F A: ab 150 €, B: ab 110 €, www.speicher-barth.de.

Vineta Hotel Stadt Barth, Lange Straße 60, Tel (03 82 31) 6 23, restauriertes Stadthotel von 1883, 39 komfortabel eingerichtete Zimmer, Frühstück im historischen Wappensaal, DZ/F A: 87 €, B: 72–77 €, www.vineta-hotel.com.

Pension Am Stadtwall, Reifergang 51, Tel (03 82 31) 66 99 99, preiswerte Unterkunft von Mai–Okt. in zentraler Lage, 5 Zimmer, DZ/F 60 €, www.pension-in-barth.de.

Jugendherberge Barth, Glöwitz 1, Tel (03 82 31) 28 43, tolle Lage am Bodden, mit eigenem Reiterhof, Streichelzoo, Fahrrad- und Ruderbootverleih, Ü/F 18,50–28,60 €, www.djh-mv.de.

Ferienwohnung Barth, in historischer Altstadt, Info über Herrn Langefeld, Tel (0 30) 7 51 97 95, Maisonette-Wohnung mit 2 Balkonen, Platz für bis zu 6 Personen, modern ausgestattet, allergikergeeignet: A: 65 €, B: 35–45 €, www.ferienhaus-privat.de/fischland-darss/.

ESSEN & TRINKEN

Boddenkieker, Am Westhafen 10, Tel (03 82 31) 6 63 30, Saison: täglich 11.30–23 Uhr, sonst 11.30–14.30 und 17.30–22 Uhr, Fischrestaurant mit Boddenblick.

Galerie Café, Klosterstraße 1, Tel (03 82 31) 7 73 03, tägl. 10–18 Uhr, ambitioniertes Kunstcafé mit großem Büchersortiment, vielen Zeitungen und süßen Leckereien in einem alten Eckhaus in der Nähe zum Marktplatz.

Eiscafé Atlantis, Am Westhafen 20, Tel (03 82 31) 22 70, täglich ab 11 Uhr, leckere Eis- und Kuchenauswahl, Terrasse mit Boddenblick.

AKTIVITÄTEN

Rundflüge mit einer Cessna über die Stadt, Halbinselkette, Boddenlandschaft oder Hiddensee, Ostseeflughafen Stralsund-Barth, Flughafenallee, Tel (03 82 31) 8 95 51, www.ostseeflughafen-stralsund-barth.de.

MS Ostseebad Zingst, Bootsfahrten nach Hiddensee, Juni–Sept. jeden Sonntag 9 Uhr ab Hafen Barth mit 4-stündigem Landgang (19 Uhr wieder zurück in Barth), Erw. 19,50 €/Kinder 12 €, www.reederei-poschke.de.

KULTUR

Vineta-Festtage: Tel (03 82 31) 6 63 80, www.vineta-festtage.de, Theaterspektakel Juli–August auf der Schwimmbühne im Hafen, Spielplan: www.boddenbuehne.de.

BIOLADEN

Uli's Bioladen, Wallstraße 1, Tel (038231) 89 32 5.

BESONDERE LÄDEN

Norddeutsche Lebensart, Lange Straße 34, Tel (03 82 31) 20 63, Verkauf regionaler Produkte wie Sanddorngelee oder -honig, Webereien, Malerei und Keramik.

Meiningenbrücke

Die ursprünglich 1910 als Eisenbahndrehbrücke konzipierte, 470 m lange Stahlkonstruktion verbindet Zingst mit dem Festland. Bis 1945 rollte hier die Darß-Bahn auf der Strecke Barth – Prerow. Seit der Stilllegung (Demontage als Reparationsleistung an die Sowjetunion) dient sie heute als Auto- und Personenbrücke. Schiffe, die in die westlichen Boddengewässer fahren wollen, müssen die Drehbrücke passieren. Deshalb kommt es zu Brückensperrzeiten für den Autoverkehr.

Bresewitz (Tour ▶ Seite 138)

Der kleine Ort Bresewitz gehört zur Gemeinde Pruchten. Er liegt fast am äußersten Ende der Landzunge, in der Nähe der Meiningen-Brücke. Im Herbst ist der östliche Zipfel der Landzunge bei Bresewitz ein idealer Standort für Kranichbeobachtungen, wenn diese zu tausenden ihre Nachtquartiere auf den Vogelschutzinseln Kirr und Oie anfliegen.

Alter Bahnhof Bresewitz: Bis zum Zweiten Weltkrieg führte die Darßbahn nach Zingst und Prerow. Seit 1945 endet das Gleis im stillgelegten Bahnhof von Bresewitz. Die Sowjets hatten die Gleise als Reparationsleistung abgebaut. Heute stehen hier historische Bahnbetriebswagen, in denen sich die Darßbahnausstellung befindet. Im Sommer finden im Waggon, an der Rampe oder auf dem Anhänger der Kleinlok Konzerte, Tanztheater und Lesungen statt. Bahnhofstraße 9-11, 18356 Bresewitz, Tel (03 82 31) 8 06 29, www.kunst-auf-schienen.de.

PRAKTISCHE TIPPS

VERBINDUNGEN

Bus: Linie 210 verbindet Pruchten und Bresewitz mit allen Orten auf der Halbinsel und den Bahnhöfen Ribnitz-Damgarten West und Barth (Mo–Fr stündl., Sa + So alle 2-3 Stunden).

ÜBERNACHTEN

Landhaus Martens, Zur Oie 14, 18356 Bresewitz, Tel (03 82 31) 34 34, freundliche Pension im ehemaligen Dorfkrug, Restaurant mit ökologisch orientierter Frischeküche und schönem Wintergarten, DZ/F A: ab 78 €, B: ab 45 €, www.landhaus-martens.de.

Naturcamp Pruchten, Zeltplatzstraße 30, 18356 Pruchten, Tel (03 82 31) 20 45, März–Okt., idyllischer und komfortabler Zeltplatz am Ortsausgang von Pruchten inmitten der Fuhlendorfer Heide, 200 m zum Bodden, SB-Markt, Gaststätte mit deftiger Hausmannskost, Tischtennis, www.naturcamp-pruchten.de

AKTIVITÄTEN

Reiterhof Gränert, Im Tannen, 18356 Pruchten, Tel (03 82 31) 8 29 10, Wanderreiten, Kutschfahrten, Reiterferien, Kurse.

Bodstedt

Das ehemalige Fischerdorf am Südufer des gleichnamigen Boddens gilt als Heimat der Zeesenboote: Noch vor etwa 40 Jahren fuhren von dem kleinen Hafen Fischer mit den traditionellen Booten hinaus. Im Hafen liegt auch heute immer ein Dutzend der schönen Holzboote mit den braunen Segeln vertäut. Die Zeesenbootregatta (jeweils am ersten Sonnabend im September) zieht jährlich tau-

Boddenidylle

sende Besucher an. In den 1960er-Jahren fand hier die erste Regatta statt und begründete damit eine Tradition, die bis heute ge-
pflegt wird.

Im 15. Jh. war Bodstedt ein bedeutender Wallfahrtsort für christ-
liche Seefahrer. Aus dieser Zeit stammt auch die Dorfkirche. An
dem schlichten, spätgotischen Backsteinbau ist eine Flutmarke von
1872 zu finden, der große Orkan hatte auch die südliche Boddenküste nicht verschont und schwere Zerstörungen im Ort angerichtet.

PRAKTISCHE TIPPS

VERBINDUNGEN
Vom nahe gelegenen Hafen Fuhlendorf verkehren Fähren nach Prerow auf dem
Darß (mit Fahrradtransport), Juni–Aug. 2x täglich, in der Nebensaison 1x täg-
lich außer Mo, Reederei Rasche , Tel (03 82 34) 2 10, www.reederei-rasche.de.

ÜBERNACHTEN / ESSEN & TRINKEN
Pension und Restaurant Boddenperle, Damm 6, Tel (03 82 31) 45 86 1, DZ/F
für 2 Personen ab 50 €, HP möglich, mit gemütlichem Restaurant, www.bod-
denperle-bodstedt.de.

Ferienwohnungen Bodden-Zauber, Familie Hentschel, Damm 8, Tel (03 82 31)
44 04, FeWo für 2 Personen, direkt am Bodstedter Bodden, A: 55–60 €, B: 40–
45 €, www.boddenzauber.de.

■ Graal-Müritz (4000 Einwohner)

Das weit auseinandergezogene Ostseeheilbad liegt landschaftlich reizvoll etwa 6 km südwestlich von Dierhagen – und ist damit nur eine Strandwanderung von Fischland entfernt. Der beschauliche Ort entstand 1938 durch die Zusammenlegung der beiden Fischerdörfer Graal und Müritz, die sich über 5 km zwischen Wald und endlosem Sandstrand erstrecken.

Graal, der westliche Ortsteil, ist weitaus größer und bedeutender. Hier befinden sich auch die meisten Unterkünfte und Gaststätten. Der kleinere Ortsteil Müritz liegt 2 km östlich von Graal und wirkt eher wie eine etwas verschlafene Strandsiedlung. Verbunden sind beide Ortsteile durch den 6 km langen, feinen Sandstrand.

Ein richtiges Zentrum sucht man in Graal-Müritz vergebens. Das touristische Leben spielt sich rund um die Seebrücke ab, und ein wenig in der sehenswerten Kurstraße in Graal. Hier finden sich auch historische Häuser im Bädervillenstil.

Eingerahmt wird Graal-Müritz vom größten zusammenhängenden Waldgebiet der deutschen Ostseeküste, der Rostocker Heide (▶ Seite 110). See- und Waldluft mischen sich hier so günstig, dass sich der Ort seit 1960 Seeheilbad nennen darf. Bereits seit Ende des 19. Jh. kommen in den Badeort jährlich im Sommer wie im Winter zahlreiche Kurgäste, die das gesundheitsfördernde Klima zu schätzen wissen. Einer der bekanntesten Feriengäste des Ortes war der Schriftsteller Franz Kafka. Er war im Juli 1923 hier, um seine TBC-Erkrankung zu kurieren. In Graal-Müritz lernte er die junge Dora Diamant kennen, mit der er später in Berlin zusammenlebte.

Bis heute hat sich die Kuratmosphäre gehalten. So gibt es ca. ein Dutzend Sanatorien und Rehakliniken. Daneben entstanden in den letzten Jahren viele Hotels und Ferienwohnungen.

Ortsspaziergang (Karte ▶ Seite 105)

Ausgangspunkt für unseren Spaziergang ist das **Haus des Gastes** an der Ecke Rostocker Straße/Kurstraße im Ortsteil **Graal.** Der 1997 errichtete Bau ist nicht nur Informationszentrum, sondern auch Treffpunkt für kulturelle Veranstaltungen. Über die von einigen Bädervillen gesäumte **Kurstraße** und die **Parkstraße** führt unser Weg zur Attraktion des Seebades, dem **Rhododendronpark.** Auf etwa fünf Hektar Fläche stehen hier rund 2500 Rhododendron- und Azaleenstauden, die im Mai und Juni in vielen Farben blühen und dabei einen überwältigenden Duft verströmen. Seit 2008 wurde ein Pavillon eröffnet, in dem Konzerte und Lesungen stattfinden.

Rostocker Heide

Ostseebad
Graal-Müritz

Müritz

O s t s e e

Ribnitzer Straße

Strandstraße

Dünenweg

Ribnitzer Straße

Mittelweg

Strandpromenade

Dünenweg

Poetenweg

Graaler Landweg

Birkenallee

An der Jugendherberge

Aquadrom

Buchenkampweg

Tegliaweg

Zur Seebrücke

Nachtigallenweg

Philosophenweg

Friedhofsweg

Am Wasserturm

Bahnhofstraße

Kastanienallee

Wald-

straße

Seebrücke

Musik-
muschel

Graal

Dr.-Leber-Straße

Lange

Straße

Koppelweg

Philosophenweg

Lindenweg

August-Bebel-Straße

R.-Wossidlo-

Straße

Onkel-Bräsig-Str.

Fritz-Reuter-Str.

Rhododendronpark

Buchenweg

Strandpromenade

Heimat-
museum

Prakstraße

Kurstraße

Rostocker Straße

Haus des Gastes

N

Ganz in der Nähe des Parks befindet sich auch die Graal-Müritzer Heimatstube, die aber nur selten geöffnet ist. Vom Rhododendronpark aus gelangen wir schnell an den Strand. Auf der windgeschützten Strandpromenade, die zwischen Stadtwald und Badestrand entlangführt, läuft unser Weg in östlicher Richtung vorbei an der Musikmuschel zur 350 m langen **Seebrücke.** Erbaut 1993, ist sie die einzige in Europa, die mit Solar-Energie betrieben wird. Bei einem Gang zum Brückenkopf eröffnet sich uns ein Blick auf die Mecklenburger Bucht bis zum Fischland. Der Brückenvorplatz ist ein beliebter Treff von Gästen und Einheimischen. Hier spielt sich in den Sommermonaten das touristische Leben ab. Unweit der Seebrücke hat sich 2004 mit dem **Aquadrom** die jüngste Attraktion angesiedelt. In dem wohlig warmen Wasser des Erlebnisbades können auch Regentage überstanden werden.

Wir folgen der Strandpromenade weiter in östlicher Richtung und erreichen nach etwa 1,5 km den Ortsteil **Müritz.** Rechter Hand biegen wir in die Strandstraße, der wir bis zu ihrem Ende folgen. Dort finden wir das **Haus Glückauf** (Nr. 6), in dem Franz Kafka seinen letzten Urlaub verbrachte. Übrigens: Der kleine Weg parallel zur Strandstraße trägt zum Gedenken seinen Namen.

Weiter östlich dehnt sich das Ribnitzer Hochmoor aus. Wir gehen weiter zum gegenüberliegenden **Tannenhof** in der Ribnitzer Straße. Die Kinderheilstätte ging aus dem 1884 eröffneten Friedrich-

Die Seebrücke in Graal-Müritz ist 350 Meter lang

Franz-Hospiz hervor, der ältesten Einrichtung dieser Art an der Ostseeküste. Ein Denkmal erinnert an ihren Gründer Prof. Carl von Mettenheim, Leibarzt des mecklenburgischen Großherzogs Friedrich Franz.

Wir schlendern weiter und entdecken nach wenigen Metern das **Haus Timm,** eines der wenigen erhalten gebliebenen reetgedeckten Büdnerhäuser, die im Ort zu finden sind. Unser Weg führt uns nun über den nach rechts abzweigenden Boulevard zurück zur Seebrücke, wo wir uns im Eiscafé Seestern eine wohlverdiente Pause gönnen.

Sehenswertes

Heimatmuseum: Im ehemaligen Warmbad untergebracht, informiert die Ausstellung über die Geschichte des Ortes.
Parkstraße 21, Tel (03 82 06) 7 45 56, Apr.–Sept. Di, Do 9–12 und 15–18 Uhr, Mi, Fr und Sa 15–18 Uhr, Okt.–März Mi, Fr 15–18 Uhr.

Kirche Graal-Müritz: Der neoromanische Sakralbau wurde 1908 von Gotthilf L. Möckel erbaut und liegt etwas versteckt im Wald zwischen Graal und Müritz. Ihr Bauherr war übrigens Großherzog Friedrich Franz IV., der im nahe gelegenen Jagdschloss Gelbensande (▶ Seite 112) seine Sommerresidenz hatte.
Friedhofsweg 1, Tel (03 82 06) 7 72 30.

Strand

Kilometerlanger Sandstrand, der sich bis Hohe Düne bei Warnemünde in westlicher Richtung und bis nach Dierhagen in östlicher Richtung entlangzieht. Selbst im Hochsommer ist er an einigen Abschnitten fast menschenleer und daher besonders für Nacktbader ein Paradies. In Ortsnähe überwacht und Strandkörbe.

PRAKTISCHE TIPPS

VERBINDUNGEN
Bahn: Regionalbahn-Verbindung stündlich nach Rostock.

Bus: Linie 118 verbindet mehrmals täglich mit Rostock Hbf/ZOB. Linie 202 mehrmals täglich Verbindung über Markgrafenheide bis Hohe Düne/Warnemünde bzw. Ribnitz-Damgarten.

INFORMATION
Kurverwaltung im Haus des Gastes, Rostocker Straße 3, 18181 Graal-Müritz, Tel (03 82 06) 70 30, Zimmervermittlung, Ausstellungen, Lesungen, Kino jeden

Mi und So, Mitte Mai–Mitte Sept. Mo–Fr 9–20, Sa 9–18, So 10–16 Uhr, Mitte
Sept.–Mitte Mai Mo–Fr 9–17, Sa 9–12 Uhr, www.graal-mueritz.de.

ÜBERNACHTEN

Fremdenverkehrsverein Graal-Müritz, Rostocker Straße 26, Tel (03 82 06) 7 87
25, Quartiere von hochwertig bis preiswert, Last-Minute-Angebote, www.fvv-
graal-mueritz.de

HOTEL & PENSIONEN

IFA Wellness Hotel, Waldstraße 1, Tel (03 82 06) 7 30, Alleinlage mitten im Küstenwald, 1500 qm großer Wellnessbereich: Schwimmbad, Erlebnisgrotte, verschiedene Saunen, Fitness, 150 Zimmer im Landhaustil, DZ/F A: ab 144 €, B:
ab 118 €, www.ifa-grand-hotel.de.

Ostseewoge, An der Seebrücke 35, Tel (03 82 06) 7 10, 4-Sterne-Hotel direkt
am Seebrückenvorplatz, Sauna, Solarium und Physiotherapie im Haus, 35
Zimmer mit Balkon, DZ/F A: 112 €, B: 80–108 €, www.ostseewoge.de.

Residenz an der Seebrücke, Zur Seebrücke 34, Tel (03 82 06) 7 44 70, ehema-
liges Grand-Hotel im Bäderstil 300 m vom Strand entfernt, Activ-Center mit
Sauna, Solarium, Fitness im Haus, mit warmen Farben gestaltete Zimmer, DZ/F
A: ab 118 €, B: ab 80 €, www.residenz-hotel-graal-mueritz.de.

Strandhotel, Zur Seebrücke 28, Tel (03 82 06) 8 86 06, im Stil der Bäderarchi-
tektur erbaut (1905), vielfältiges Wellnessangebot, Restaurant, freundlich eingerichtete Zimmer, DZ/F A: 84–94 €, B: 60–68 €, mit Etagendusche/-WC A: 49
€, B: 40–44 €, www.strandhotel-graal-mueritz.de.

Villa Edda, Fritz-Reuter-Straße 7, Tel (03 82 06) 15 30, hübsche Pension, 21
Zimmer und FeWo, teilweise mit Steinböden, DZ/F 66–95 €, B: 55–85 €,
www.villa-edda.de.

FERIENWOHNUNGEN

Haus Birkenallee, Birkenallee 16, Tel (03 82 06) 7 81 27, 800 m vom Strand
entferntes neu gebautes Backsteinhaus (1996/2003), Sauna, Solarium, Fitness im Haus, Kinderspielplatz, DZ mit Küche A: 30 €, B: 22–25 €, FeWo f.
4 Pers. A: 67–77 €, B: 38–51 €, www.haus-birkenallee.de.

Haus Windrose und Buntspecht, Strandstraße 36, Tel (03 82 1) 70 81 99, empfehlenswerte Ferienwohnungen in sanierter Bädervilla mit Anbau, in Strandnähe im Ortsteil Müritz, ruhig, bis Seebrücke und Bahnhof ca. 2 km, 40-80 €
www.holiday-classics.de/unterkun/malta1.htm.

CAMPING

Ostseekamp Rostocker Heide, Wiedortschneise 1, Tel (03 82 06) 7 75 80, nur

durch die Düne vom Strand getrennt, ca. 1 km westlich von Graal-Müritz, weit-
läufiger 4-Sterne-Platz, Surfschule, www.campen-am-meer.de.

ESSEN & TRINKEN

Haus am Meer, Zur Seebrücke 36, Tel (03 82 06) 73 90, unweit der Seebrücke,
Fischgerichte und Mecklenburgische Küche, hauseigener Kuchen.

Eiscafé Seestern, Zur Seebrücke 16, Tel (03 82 06) 7 76 31, täglich 10–22 Uhr,
das backsteinerne Lokal diente einst als Seenotrettungsstation, neben großer
Kuchen- und Eisauswahl auch deftige Fisch- und Fleischgerichte sowie Pizzen.

Caféstübchen Witt, Am Tannenhof 2, Tel (03 82 06) 7 72 21, täglich ab 14
Uhr, traditionsreiches Café auf einem Gehöft mit reetgedeckten Häusern, den
selbstgebackenen Kuchen gibt's im Sommer im schönen Garten.

BUCHHANDLUNG

Ostsee-Buchhandlung Graal-Müritz, Kurstr. 22, Tel (03 82 06) 7 99 18, kleine,
gut sortierte Buchhandlung.

AKTIVITÄTEN

Fahrrad Thon, Lange Straße 29, Tel (03 82 06) 7 98 05.

Am Strand von Graal-Müritz

Romantische Bootstour bei Graal-Müritz

BOOTSFAHRTEN

MS Baltica, April bis Oktober ab Seebrücke nach Warnemünde So 10 Uhr, Erw. 17 €, Kinder 11 €, Minikreuzfahrt entlang der Küste der Halbinsel Fischland-Darß-Zingst So 16–18 Uhr, Erw. 9,50 €, Kinder 6,50 €, www.msbaltica.de.

WELLNESS

Aquadrom, Buchenkampweg 9, Tel (03 82 06) 8 79 00, Erlebnisbad mit Innen- und Außenpools mit 29 Grad warmem Meerwasser, Whirlpool, Saunalandschaft, Hamam oder Rhassoul (türkisches Dampfbad), Fitnessbereich, Tennis, Badminton, Volleyball, täglich 9–21.30 Uhr, Di und Do ab 8 Uhr, Erw. ab 6,50, Junior ab 4,50 €, Sauna ab 9 €, www.aquadrom.net.

Rostocker Heide (Tour ▸ Seite 140, Karte ▸ Seite 141)

Südlich von Graal-Müritz erstreckt sich die Rostocker Heide. Vom Namen darf man sich jedoch nicht irreführen lassen und sich darunter ein baumloses, mit Heidekraut bewachsenes Gebiet vorstellen. Vielmehr ist die Rostocker Heide mit über 400 qkm der größte geschlossene Küstenwald in Deutschland. Er besteht zu je einer Hälfte aus Nadel- und Laubbäumen. Es dominieren Buchen, Kiefern und Eichen, wobei Letztere bis zu 300 Jahre alt sind. Außergewöhnlich sind die Eiben, von denen einige über 1500 Jahre alt sein sollen. Zwischen den hohen alten Bäumen erstrecken sich vor allem in Küstennähe ausgedehnte Moorgebiete wie das Naturschutzgebiet Großes Ribnitzer Moor südlich von Dierhagen (▶ Seite 36).

Nach dem Zweiten Weltkrieg wurde die Rostocker Heide von der sowjetischen Armee als Übungsplatz genutzt. Erst nach der Wende erhielt die Hansestadt ihren Wald zurück und das Militärgebiet wurde renaturiert. Heute stellt der Wald ein Naherholungsgebiet mit hohem ökologischem Wert dar.

Ausgeschilderte Rad- und Wanderwege bieten beste Vorraussetzungen, das große Waldgebiet zu erkunden. Gute Ausgangspunkte hierfür sind die Ostseebäder Graal-Müritz und Dierhagen oder auch der Ort Wiethagen am Südrand der Rostocker Heide (B 105 Richtung Rostock, Abfahrt Rövershagen). Reizvoll ist der Rundkurs durch die Heide. Er ist weiß-blau-weiß markiert und dient als gute Orientierung durch das weitläufige Waldgebiet. Bei der beschriebenen Beispieltour (▶ Seite 140) bietet sich die Gelegenheit, neben der einzigartigen Flora und Fauna auch die Sehenswürdigkeiten der Rostocker Heide kennen zu lernen.

Forst- und Köhlerhof Wiethagen (Karte ▶ Seite 141)

Der typische Geruch von Holzteer und der harzige Geruch der Kiefernwälder empfangen den Besucher in der historischen Teerschwelerei von 1837, die 1984 zum Technischen Denkmal erklärt wurde. Mit dem Forst- und Teerschwelmuseum, dem Skulpturenpark, einem naturnahen Kinderspielplatz, „Koehlers Koek" mit kleinem Imbiss ist es ein lohnendes Ziel für einen Ausflug. Ein in der Nähe als Rundweg eingerichteter Naturlehrpfad vermittelt viel Wissenswertes über Baumarten, Biotope und die Bewohner des Waldes. Museumsanlage Forst- und Köhlerhof Wiethagen bei Rövershagen, ca. 5 km von Graal-Müritz entfernt, Di–Fr 9–17 Uhr, So 10–17 Uhr, von April–Sept. auch Sa 10–17 Uhr, Eintritt: 3 €, erm. Ab 1,50 €, www.koehlerhof-wiethagen.de.

Neuheide (Karte ▶ Seite 141)

Auf einer (Rad-)Wanderung durch die Rostocker Heide von Graal-Müritz in östlicher Richtung kommt man nach 6 km in den kleinen Weiler Neuheide. Hier bietet das Infozentrum „Wald & Moor" Führungen und einen Naturpfad mit Schautafeln an.

Direkt neben dem Infozentrum steht das kleine Pilzmuseum. In dem privaten Museum wird eine Sammlung von mehr als 250 Pilzarten, rund 200 Schmetterlingen, Mineralien, Fossilien und Tierpräparationen präsentiert. Attraktion: Eine Steinkauzfamilie wird mit einer Kamera in ihrer Höhle beobachtet, die Bilder sind live im Museum zu sehen.

Infozentrum „Wald & Moor", Ribnitzer Landweg 3, OT Neuheide, Tel (0 38 02 06) 1 44 44, Mai–Okt. täglich 10–17 Uhr, monatliche Führung durch das Moor, Naturpfad: ganzjährig täglich 9–17 Uhr.

Pilzmuseum, Ribnitzer Landweg 2, Tel (03 82 06) 7 99 21, Mai–Okt. täglich 10–17 Uhr, Nov.–Apr. Mo–Fr 13–16, Sa 10–17 Uhr, So 10–12 Uhr, Eintritt 4 €, erm. 2 €, www.pilz-naturerlebnismuseum.m-vp.de.

Jagdschloss Gelbensande (Tour ▶ Seite 140 / Karte ▶ Seite 141)

Etwa 8 km von Graal-Müritz entfernt liegt das Jagdschloss Gelbensande. Die ehemalige Sommerresidenz des Mecklenburgischen Großherzogs Friedrich Franz III. ist nach Plänen des Hofbaumeisters Gotthilf L. Möckel im Jahr 1887 fertig gestellt worden. Idyllisch liegt das imposante Jagdschloss im Wäldchen bei Gelbensande. Das im englischen Landhausstil konzipierte Schloss verfügt über Elemente russischer Bojarenhäuser. Verspielte Holzschnitzereien, Türmchen und Bleiglasfenster schmücken das Fachwerkhaus. Zu sehen sind neben dänischem königlichem Porzellan und den Original-Bauzeichnungen für das Jagdschloss auch Jagdtrophäen und Kupferstiche. Veranstaltet werden außerdem Konzerte, Liederabende am Kamin und alljährlich ein Schlossfest.

Gelbensande, Am Schloss 1, Gelbensande, Tel (03 82 01) 4 75, täglich 11–17, Erw. 3 €, erm. ab 1 €, Führungen Sa/So u. nach Absprache, www.jagdschloss-gelbensande.de.

Anfahrt Bahn: von Rostock oder Ribnitz-Damgarten stündlich RE-Verbindung. Vom Bahnhof Gelbensande ist das Jagdschloss zu Fuß in nur wenigen Minuten über einen gut ausgeschilderten Weg zu erreichen.

Karl's Erlebnishof in Rövershagen

Esel streicheln, Schafe anschauen, Erdbeeren pflücken, Erbsensuppe essen: Dies und noch vieles mehr kann man auf der großen Hofanlage von Karl's Erlebnishof. Attraktionen sind die Kaffeerösterei sowie die Hofbäckerei. Oft ziemlich rummelig, aber Kinder mögen's und der Apfelkuchen in „Friedas gemütlicher Hof-Küche" ist wirklich Spitze. Auf dem großen Bauernmarkt gibt es neben Mecklenburger Köstlichkeiten auch originelle Mitbringsel zu entdecken.

Purkshof 2, Rövershagen, www.bauernmarkt.de. Ganzjährig täglich geöffnet. 10 km von Graal-Müritz. An der B 105 zwischen Rövershagen und Mönchhagen. Bus 118 täglich ab Rostock ZOB bis Haltestelle Purkshof. Bahn: bis Rövershagen oder Mönchhagen.

Ribnitz-Damgarten: Hafen und Marienkirche im Hintergrund

■ Ribnitz-Damgarten (17 500 Einwohner)

Ribnitz-Damgarten liegt landschaftlich reizvoll am Südufer des Saaler Boddens. Die freundliche Kleinstadt schmückt sich mit dem Beinamen Bernsteinstadt, und das nicht ohne Grund: Hier dreht sich (fast) alles um den goldgelben Stein. Hauptattraktion ist das Deutsche Bernsteinmuseum, das jährlich zahlreiche Besucher anzieht. Ansonsten geht es in der Doppelstadt beschaulich zu. Sie entstand 1950 durch die Vereinigung des mecklenburgischen Ribnitz und des vorpommerschen Damgarten. Die Grenze zwischen Mecklenburg und Pommern bildete das Flüsschen Recknitz, das sich mitten durch die Stadt schlängelt und in die Ostsee mündet.

In unmittelbarer Nähe der Recknitzmündung überquerte im Mittelalter eine bedeutende Handelsstraße, die von Lübeck nach Stralsund verlief, die Recknitzniederung. Im 13. Jh. erlangte dieser alte Handelsweg strategische Bedeutung. Die mecklenburgischen Fürsten errichteten um 1210 zum Schutz des Grenzübergangs eine befestigte Siedlung, die um 1233 unter dem Namen „Rybanis" (slawisch für Fischort) das Stadtrecht erhielt. Auf der anderen Seite des Flusses verlieh Rügenfürst Jaromar II. dem 1225 erstmals erwähnten Ort „Damechora" (slawisch für Eichenberg) 1258 das Stadtrecht, in der Absicht, hier eine pommersche Grenzfeste gegen Mecklenburg zu schaffen.

Obwohl diese beiden Städte nur einen Katzensprung auseinanderliegen, waren sie in der Vergangenheit doch von unterschiedlichen Entwicklungen geprägt. Ribnitz war dabei immer die bedeutendere der beiden Nachbarinnen, ausgestattet mit einer gotischen Marienkirche, einem reichen Nonnenkloster und einem großen Hafen. Der Ribnitzer Hafen erzielte jedoch nie die Bedeutung der Häfen anderer Ostseestädte. Wegen der Lage der Stadt an den seichten Boddengewässern kam er über einen kleineren Fischereihafen nicht hinaus. Stattdessen machten sich im Mittelalter Seeräuber breit, denen das verworrene Gewässer ideale Voraussetzungen zur Piraterie bot. Damgarten hingegen blieb ein bedeutungsloses Landstädtchen. Auch heute macht es mit Kopfsteinpflaster und vereinzelten Fachwerkhäusern einen verschlafenen Eindruck.

Stadtbummel

Ein guter Ausgangspunkt für einen Spaziergang ist der **Marktplatz** im historischen Stadtzentrum von Ribnitz. Hier erhebt sich die mächtige Marienkirche über die umliegenden Bürgerhäuser. Besonders ziehen die zitronengelbe Fassade des klassizistischen Rathauses (1834) und die Fischergasse, eine hinter einer Fachwerkfassade versteckte Einkaufspassage, die Blicke auf sich. Unweit des Marktes, am Ende der Langen Straße in westlicher Richtung, findet sich das einziges Relikt der mittelalterlichen Stadtbefestigung:

Gasse beim Klarissenkloster

das trutzige **Rostocker Tor.** Der Backsteinbau wurde im frühen 15. Jh. errichtet und blieb als einziges von einst fünf Toren erhalten.

Südlich des Marktplatzes liegt das historische Klarissenkloster. Aus der Gründungszeit im Mittelalter blieb nur die zierliche **Klosterkirche** erhalten. In ihr werden unter anderem die „Ribnitzer Madonnen" – kostbare holzgeschnitzte Heiligenfiguren aus dem 14. Jh. – aufbewahrt. Der Klosterkomplex beherbergt heute auch das sehenswerte **Deutsche Bernsteinmuseum.** Ferner ist schräg gegenüber vom Museum der Besuch der Galerie im Kloster, die zeitgenössische Kunst präsentiert, zu empfehlen.

Die alten Straßen der Fischer, nördlich vom Marktplatz führen uns zum Bodden und **Hafen.** Vom Schiffsanleger starten Schiffe zu Boddenrundfahrten. Der Hafen wurde 1879 erbaut und mehrfach erweitert. Von hier aus verband ein regelmäßiger Schiffsverkehr die Stadt mit dem Fischland und mit Damgarten. Heute ist der beschauliche, gut ausgebaute Hafen ein Anlaufpunkt für kleinere Boote und Sportsegler.

Bernstein

„Gold des Nordens" wird er auch genannt. Die kleinen, gelben bis rötlichen Steine haben ein Alter von 50 Millionen Jahren. Sie entstanden aus dem erhärteten Harz urzeitlicher Nadelbäume. Bernsteine werden bereits seit der Bronzezeit gerne zu Schmuck verarbeitet. In ihnen können Pflanzen- oder Tierreste wie zum Beispiel Tannennadeln, Mücken oder Käfer eingeschlossen sein, „Inklusen" genannt. Durch diese Einschlüsse weiß man, welche Insektenarten vor Millionen Jahren auf der Erde gelebt haben. Der Name des schnell entflammbaren Bernsteins stammt von dem Wort „Börnstein". „Börnen" ist der niederdeutsche Ausdruck für Brennen.

Auch an der Küste von Fischland-Darß-Zingst kann man mit etwas Geduld Bernsteine finden. Besonders nach stürmischen Zeiten wird man fündig, denn dann sind die Steine zusammen mit Seetang und Muschelschalen vom Meeresgrund an den Strand geschwemmt worden.

Sehenswertes

Deutsches Bernsteinmuseum: In der anschaulichen Ausstellung wird die Natur-, Kunst- und Kulturgeschichte des baltischen Bernsteins dokumentiert. Zu sehen sind Exemplare mit außergewöhnlichen Einschlüssen, Schmuck und Kunstgegenstände. Für ein kleines Entgelt können sich Besucher selbst als Bernsteinschleifer versuchen. Mit Café und Museumsshop.

Im Kloster 1-3, Tel (0 38 21) 46 22, März–Okt. täglich 9.30–18 Uhr, Nov.–Feb. Di–So 9.30–17 Uhr, Eintritt 6 €, erm. 3,50 €, www.bernsteinmuseum.info.

Galerie im Kloster: Eine kleine Dauerausstellung widmet sich den Werken Lyonel Feiningers, die während seines Aufenthaltes 1905 in der Stadt entstanden sind. Daneben wechselnde Ausstellungen regionaler Künstler.

Im Kloster 9, Tel (0 38 21) 47 01, Di–So 10–18 Uhr, vor Ausstellungen 1 Woche vorher geschlossen, Eintritt 2 €, erm. 1 €.

St.-Marienkirche: Von 50 m hohen Turm des Backsteinbaus aus dem 13. Jh. mit barocker Innenausstattung hat man einen wunderbaren Blick über die Umgebung. Orgelkonzerte im Sommer.

Infos über Pastorat, Neue Klosterstraße 17, Tel (0 38 21) 81 13 51, Sommer Mo–Fr 9–17 Uhr, Winter Di–Fr 9–16 Uhr, Sa und So nach Absprache.

PRAKTISCHE TIPPS

VERBINDUNGEN

Bahn: Von Hamburg 5 x täglich direkt, von Rostock und Stralsund aus ca. stündlich RE- und IC-Züge nach Ribnitz-Damgarten (West). Aus Berlin in Stralsund oder Rostock umsteigen.

Bus: Linie 210 in Richtung Fischland-Darss-Zingst (Mo–Fr stündlich, Sa und So im Zwei-Stunden-Takt). Linie 214 Verbindung südlich des Boddens mit Barth (etwa 6-mal täglich). Linie 202 verbindet Ribnitz etwa 10 x täglich mit Graal-Müritz, Abfahrt am Bahnhof oder am Marktplatz.

INFORMATION

Stadtinformation, Am Markt 14, 18311 Ribnitz-Damgarten, Tel (0 38 21) 22 01, Zimmervermittlung, Stadt- und Klosterführungen, Mitte Juni–Mitte Sept. Mo–Fr 10–18 und Sa 10–16 Uhr, Mitte Sept.–Mitte Juni Mo–Fr 10–16 Uhr, www.ribnitz-damgarten.de.

ÜBERNACHTEN

Hotel Wilhelmshof, Lange Str. 22, Tel (0 38 21) 22 09, kleines neu eröffnetes Wellnesshotel (2007), stilvolle Zimmer in 300 Jahre altem Speichergebäude, Ayurveda-orientierte Küche, schönes Hofcafé, DZ/F A: 100–130 €, B: 80–110 €, www.hotel-wilhelmshof.de.

Perle am Bodden, Fritz-Reuter-Straße 14–15, Tel (0 38 21) 21 48, Stadthotel in der Nähe zum Stadtzentrum und Hafen, komfortabel eingerichtete Zimmer, ei-

Fähre zum Fischland

nige mit Seeblick, DZ/F A: ab 80 €, B: ab 60 €, www.perle-a-b.de.

Pension Stadt-Café, Neue Klosterstraße 12, Tel (0 38 21) 88 98 60, ruhig gelegen, farbenfroh eingerichtete Zimmer mit Naturholzmöbeln, DZ/F A: 55 €, B: ab 32 €, www.stadtcafe-ribnitz.de.

JUGENDHERBERGE
JH Ribnitz-Damgarten, Am Wasserwerk 1, Tel (0 38 21) 81 23 11, in der Nähe des Bahnhofes, 8 km zur Ostsee, im Haus Proben- und Musikzimmer, Tischtennis, Grillplatz, Ü/F 16-19 €, www.djh-mv.de.

ESSEN & TRINKEN
Café Delwall, Lange Straße 34, Tel (0 38 21) 25 47, Mo–Fr 9–17.30, So 14–17 Uhr, Sa Ruhetag, traditionsreiches und ältestes Kaffeehaus der Stadt.

Hafenschänke, Am See 1a, Tel (0 38 21) 89 48 30, täglich 11.30–24 Uhr, Nov.–Apr. Mo Ruhetag, gediegenes Fischrestaurant, von der hellen Veranda Blick auf Hafen und Bodden, www.hafenschenke.de.

Meeresbüfett, Am See 40, Tel (0 38 21) 81 57 94, täglich ab 11.30 Uhr, maritime Gaststätte mit Blick auf den Bodden, fangfrischer Fisch, Verkauf von frischem und geräuchertem Fisch an der „Meerestheke", www.fischhafen.de.

NACHTLEBEN
Diskothek Sportpalast, Damgartener Chaussee 42, Tel (0 38 21) 81 07 21, Dis-

ko, integrierter Pub, www.sport-p.de.

Aktivitäten

Fahrradverleih Lange-Fahrrad, Lange Straße 78, Tel (0 38 21) 27 09, Verleih und Reparatur.

Bootsverleih Schneider, OT Damgarten, Schillstraße 33, Tel (0 38 21) 72 17 17, Motorboote, Ruderboote, Kanus, Tretboote (auch Autohändler).

Golfplatz „Zum Fischland", OT Neuhof, Pappelallee 23a, Tel (0 38 21) 89 46 10, täglich ab 10 Uhr (Hauptsaison), ca. 2 km südlich vom Stadtzentrum, Driving-Range und 9-Loch-Platz, www.golf-fischland.de.

Wellness

Boddentherme, Körkwitzer Weg 15, Tel (0 38 21) 3 90 99 61, Sport- und Erlebnisbad mit Wellenbecken, Sprungturm, Wasserrutsche, Saunen, Massage, Mo (nur Sauna), Di, Mi 14–22 Uhr, Do–So 10–22 Uhr, Juli/Aug. Mo–So 10–22 Uhr, Eintritt ab 7,50 €, erm. 6 €, www.bodden-therme.de.

Bootsfahrten

MS Boddenkieker, Tel (03 82 20) 5 88, über Dierhagen nach Wustrow, Mitte Mai–Mitte Sept. und 11. Sept. bis 20. Okt. Mi–Fr 15.25 Uhr, 16. Juni bis 10. Sept. täglich 9.45, 13.15, 15.45 Uhr, Mitte Apr.–Mitte Mai und Mitte Sept.–Mit-

Freilichtmuseum Klockenhagen

te Okt. täglich 10 und 14.30 Uhr (Fahrradtransport), Reederei Kruse und Voß, www.boddenschifffahrt.de.

MS „Swantevit" von Ribnitz-Damgarten über Ahrenshoop nach Zingst, Mai–Sept. Di–Sa 15.20 Uhr (ab Juli auch Mo), außerhalb der Saison Abfahrtszeiten erfragen bei Reederei Oswald, Tel (01 70) 5 84 16 44.

Bioladen
Kerstins Bioladen, Am Markt 12, Tel (0 38 21) 70 77 50.

Besondere Läden
Wossidlo-Buchhandlung, Lange Straße 24, Tel (0 38 21) 8 86 20, gut sortierte Buchhandlung in zentraler Lage, Publikationen des ortsansässigen Scheunen-Verlags im Angebot.

Schaumanufaktur Ostseeschmuck, bei dem großen Schmuckhersteller kann man zuschauen, wie Bernstein gesägt, poliert und mit der Verarbeitung von Silber und Gold schöne Gegenstände entstehen. Mit Verkaufsgalerie, OT Damgarten, An der Mühle 30 (an der B 105), Tel (0 38 21) 8 85 80, Mo–Fr 9.30–18 und Sa 9.30–16 Uhr, www.ostseeschmuck.de.

Kultur
Scheune, Kückenshagen, Kolonie 4, Tel (03 82 33) 5 93 08, Kulturscheune in abgelegenem Bauerngehöft, 6 km entfernt, Kleinkunstbühne, Lesungen und Lieder-, Jazz, Folkabende, www.scheunenverlag.de.

Freilichtmuseum Klockenhagen (Karte ▶ Seite 141)

Etwa 4 km von Ribnitz-Damgarten entfernt liegt das Freilichtmuseum Klockenhagen. Auf dem „Denkmalhof" sind reetgedeckte Bauernkaten, Scheunen, eine Fachwerkkirche, ein Ziehbrunnen sowie eine Bockwindmühle zu sehen. Das älteste Haus ist von 1671. Hier werden traditionelle Haustierrassen gehalten und alte Handwerkskunst vorgeführt. Ein Museumsbauer bestellt die Felder mit Pferden. In einer Schusterei findet sich alles, was man früher zur Herstellung von Schuhen brauchte. Ein Genuss sind die sommerlichen Backtage, wenn sonnabends frisches Brot wie zu Großmutters Zeiten gebacken wird. Deftige Hausmannskost gibt es in der rustikalen Gaststätte „Up die Däl". Auf der Verkaufsfläche des originalgetreuen Dorfladens gibt es Töpferwaren, Bücher, u. v. m.
OT Klockenhagen, Mecklenburgerstraße, 57, Tel (0 38 21) 27 75, Apr.–Okt. täglich 9–17 Uhr, Dorfladen Mi–So 10–17 Uhr, Eintritt 3,50 €, erm. 2,50 €, Buslinie 202 in Richtung Graal-Müritz bzw. Hohe Düne, www.freilichtmuseum-klockenhagen.de.

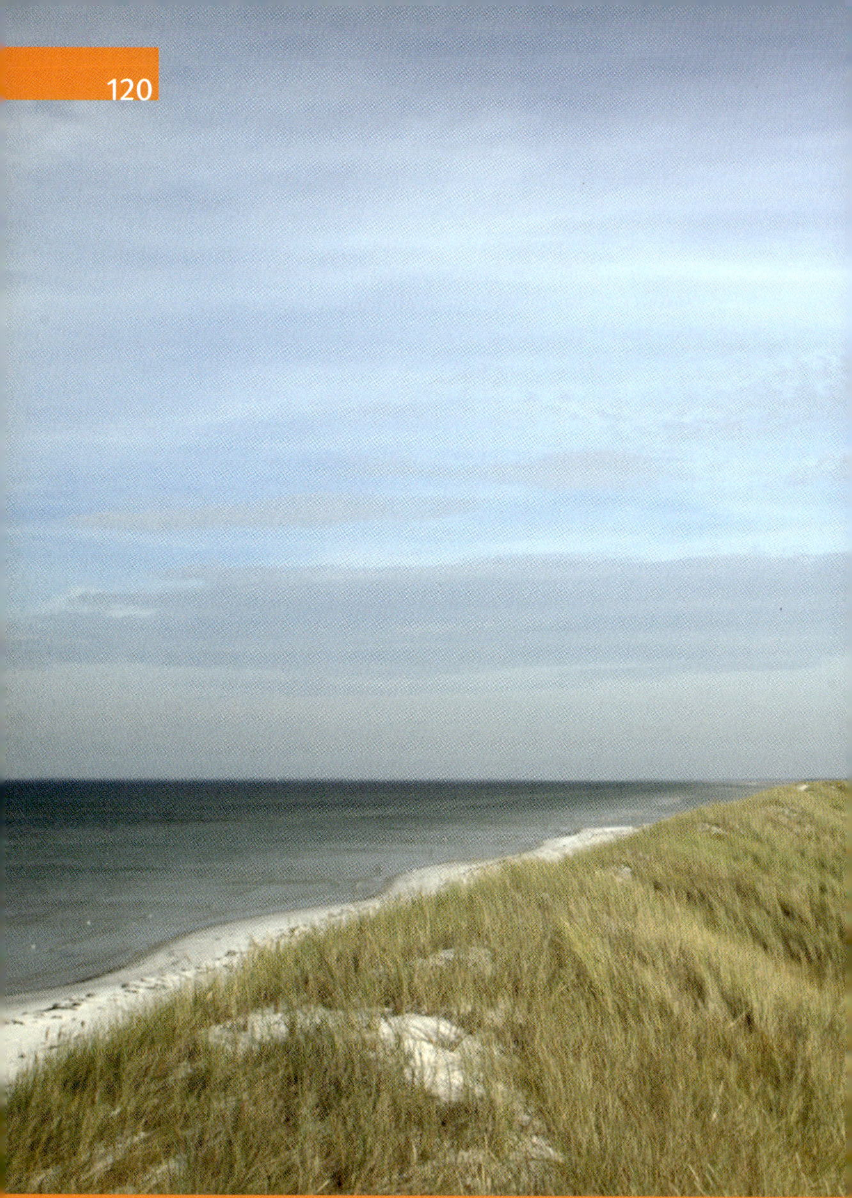

Touren

1 Fischlandtour

Charakteristik:	leichte Wanderung oberhalb der Steilküste und am Bodden entlang
Strecke:	Ahrenshoop – Hohes Ufer – Bakelberg – Wustrow – Barnstorf – Niehagen – Althagen – Ahrenshoop
Entfernung:	ca. 13 km
Dauer:	etwa 3-4 Stunden

Unsere abwechslungsreiche Tour beginnt am Ende des Grenzwegs (Café Buhne 12 ► Seite 58) in Ahrenshoop. Von hier schlängelt sich ein von Sanddorn und Wildrosen gesäumter Weg entlang des **Hohen Ufers** auf den absturzgefährdeten Kliffs bis nach Wustrow. Diese imposante Erhebung aus Mergel und Sand ist ein „aktives Kliff". Der Weg ist daher nicht ganz ungefährlich, dafür umso beliebter. Im Hochsommer kann es manchmal eng werden.

Bald stoßen wir auf einen kleinen Wanderweg, der etwas landeinwärts zum größten Berg der Halbinsel führt: dem **Bakelberg.** Das Besteigen ist allerdings ohne alpinistische Ausrüstung möglich, erhebt er sich doch nur 18 Meter über den Meeresspiegel. Wie es sich für einen Gipfel gehört, ist er mit Gipfelkreuz und Ruhebank ausgestattet. Von hier aus bietet sich jedenfalls ein herrlicher Panoramablick: Westlich liegt das Meer, in östlicher Richtung blickt man auf den Bodden.

Weiter geht es an der Steilküste. Metertief fällt das lehmige und dadurch gelb leuchtende Steilufer unvermittelt zu einem schmalen und steinigen Strand hin ab. Die unzähligen kleinen Löcher in der Steiluferwand sind Brutröhren von Uferschwalben, die gesellig in Kolonien brüten. Früher war an diesem Küstenabschnitt die NVA vertreten. Diverse Bunker dienten der Seeüberwachung. Einer ist bereits auf den Strand gefallen, ein anderer schon vom Wasser umspült. Trotz der Steindämme und Bohlen fordert das Meer hier jedes Jahr zehn Meter vom Land.

Nachdem wir die **Seebrücke in Wustrow** erreicht haben, führt uns unser Weg über die Strandstraße durch den ehemaligen Seefahrerort zum **Boddenhafen** und weiter zum Ortsteil **Barnstorf** (Spaziergang durch Wustrow ► Seite 44). Von hier folgen wir dem Boddenwanderweg, der nahe am Wasser entlang bis nach Ahrenshoop führt. Nur wenige Wanderer führt es in diesen Winkel der Halbinsel. Bald erreichen wir die ersten Häuser der Ortschaft **Niehagen,** die schon wieder zu Ahrenshoop gehört. Da unser Wanderweg hier nicht direkt am Wasser weiterführt, weichen wir über die Bauernreihe auf die Hauptstraße aus, folgen dem straßenbegleitenden

N

O s t s e e

F I S C H L A N D

Ostseebad Ahrenshoop

Hohes Ufer

Bakelberg

Althagen

Niehagen

Tour 1

Seebrücke

S a a l e r

Ostseebad Wustrow

Barnstorf

Permin

B o d d e n

Dierhagen Ost

Ostseebad Dierhagen

hagen rand

Dierhagen Dorf

Langendam

NSG Ahrens-hooper Holz

1000 m

Radweg, um kurz darauf am Boddenweg wieder zum Wasser hin abzuzweigen. Nun geht es wieder nur am Bodden entlang, der sich hinter einem dicken Schilfgürtel versteckt, vorbei an malerischen Reetdachhäusern bis zum **Althäger Hafen.** Vom Hafen erreichen wir auf der Hauptstraße nach 300 m den „Weg zum Hohen Ufer", der rechts wieder zum Grenzweg führt. Hier ist das Fischland zu Ende, Trennlinie ist der Grenzweg, erkennbar an Holzpfählen.

2 Radrundtour von Darßdorf zu Darßdorf

Karte:	Seite 128/129
Charakteristik:	leichte Radtour durch den Darßwald und am Bodden entlang
Strecke:	Prerow/Ortsmitte – Wieck – Born – Prerow/Hafen
Entfernung:	ca. 23 km
Dauer:	etwa 3 Stunden
Einkehrtipp:	Café TonArt oder Peterssons Hof-Café in Born

Diese Tour ist landschaftlich besonders abwechslungsreich. Die Strecke führt durch den Darßwald und an Boddendörfern mit ihren schönen Bauern- und Fischerkaten vorbei, sowie direkt am Bodstetter Bodden entlang und durch weite Wiesenlandschaften.

Ausgangspunkt unseres Ausflugs ist die zentrale Kreuzung Waldstraße/Buchenstraße in der Ortsmitte **Prerows.** Von hier folgen wir der Buchenstraße in westlicher Richtung, um in den **Darßwald** zu gelangen. Auf dem Mittelweg (als Verlängerung der Buchenstraße) fahren wir bis zur Waldkreuzung am „k-Gestell". Hier biegen wir nun links ab und radeln zwischen Moor- und Sumpfgebiet schnurgerade vorbei am **Raesfeld-Denkmal** und dem **ehemaligen Meeresufer**, teilweise auf Platten, bis zur Kreuzung „Großer Stern". Hier biegen wir in den schmalen „Linder Weg" Richtung Born ein (rechts neben dem Reitweg). Kurvenreich schlängelt er sich durch dicht bewachsenes Waldgebiet, teilweise mit Wacholderbäumen bewachsen. Kurz vor dem Waldrand folgen wir dem Wegweiser, der Born in 700 m (geradeaus) ankündigt. Die **Bäderstraße** überquerend fahren wir aus dem Wald und auf die ca. 200 m entfernte Kurverwaltung von **Born** zu. Kurz darauf stoßen wir auf die Chausseestraße. Hier biegen wir nach links ab, um dem Boddendorf einen Besuch abzustatten. Empfehlenswert ist ein Spaziergang (Dorfspaziergang ▶ Seite 64) durch die verwinkelten Straßen des malerischen Ortes, bei dem wir zahlreiche bunte Fischerkaten entdecken können.

Anschließend verlassen wir Born über die Chausseestraße der Beschilderung „Prerow-Wieck" folgend. Kurz vor dem Ortsende biegen wir rechts in den Bliesenrader Weg. Auf einem Sandweg radeln wir 1,5 km an einem Bächlein entlang, dann erfolgt die Auffahrt rechts haltend auf eine Betonstraße. Nach 300 m biegen wir links in Richtung Wieck zum Bodden ab. Über 2 km auf der Deichkrone folgt die Strecke nicht nur einem sehr gut befestigter Radweg, sondern auch einer der schönsten Streckenabschnitte entlang des Schilfgürtels mit Blick über den **Bodstedter Bodden,** auf dem mit etwas Glück sowohl Zees- als auch andere Segelboote zu sehen sind. In **Wieck** angekommen ist ein Besuch der Nationalparkausstellung in der „Darßer Arche" im Ortszentrum (▶ Seite 72) empfehlenswert. Anschließend gelangen wir über die Wege **Müggenberg** und Bauernreihe zum **Wiecker Hafen** und verlassen Wieck über die Wege Südkaten und Jagdhaus. Der Wegweiser zeigt noch 5,3 km nach Prerow an. Außerhalb von Wieck verläuft der Teerweg durch Wiesen und Weiden und mündet auf den letzten 2,5 km in einen mit Betonplatten befestigten Weg, der uns am Ende zwischen zwei Gehöften hindurch und an einem Parkplatz vorbei rechts abbiegend direkt zum Hafen Prerow führt.

In Born haben viele Häuser bemalte Haustüren, hier die Büdnerkarte von 1867

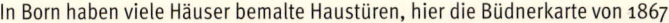

3 Rundwanderung zum Leuchtturm Darßer Ort

Karte: Seite 128/129
Charakteristik: leichte Wanderung durch den Darßwald und
                an der Küste entlang
Strecke: Prerow – Darßer Ort – Ottosee – Prerow
Entfernung: ca. 12 km
Dauer: etwa 4 Stunden
Einkehrtipp: Museumscafé des Natureums
Tipp: Kutschfahrt von Prerow

Unbedingt zu empfehlen eine Wanderung zum **Leuchtturm Darßer Ort,** der außer zu Fuß nur per Rad oder Pferdekutsche zu erreichen ist. Unser Ausgangspunkt ist das Darßmuseum in Prerow in der Waldstraße. Weiter westlich auf der Waldstraße gelangen wir nach rechts in den Bernsteinweg. An der Kreuzung Bernsteinweg/Villenstraße beginnt linker Hand der Waldweg zum Leuchtturm (blaue Leuchtturmmarkierung). Der Weg führt uns durch sandigen Kiefernwald direkt zum Leuchtturm. Vorbei geht es an sumpfigen Riegen, in denen Feuchtigkeit liebende Erlen stehen, und an mit Buchen bewachsenen Reffen. Beide, Reffe wie Riegen, sind Ergebnis eines Jahrhunderte währenden Naturprozesses, den es nur hier gibt (▸ Seite 62). In den Nebengebäuden des Leuchtturmes ist das **Natureum** untergebracht, das anschaulich über den Landbildungsprozess, die Tier- und Pflanzenwelt informiert (▸ Seite 80). Vom Ausguck des über 35 m hohen Leuchtturmes sieht man weit aufs Meer, und kann die Landbildung von oben anhand der Dünenwälle und Vegetation gut nachvollziehen.

Nach dem Besuch gehen wir an den Weststrand und folgen in Richtung Norden dem ausgeschilderten Rund-Lehrpfad, der uns in die Kernzone des Nationalparks und das Anlandungsgebiet vom Darßer Ort führt. An einer Absperrung werden wir nach rechts über die Vordüne auf einen Bohlenweg geleitet. Die Bohlen dienen dem Schutz der Vegetation und wir dürfen ihn nicht verlassen.

Auf den vier Kilometern des nun folgenden Weges lässt sich der Prozess der Neulandbildung Schritt für Schritt beobachten und man kann förmlich zuschauen, wie das Land immer weiter ins Meer hinaus wächst. Zwei Beobachtungstürme bieten einen Blick über die Landschaft und die Möglichkeit zur Vogelbeobachtung. Besonders faszinierend ist die Aussicht von der östlichen Plattform über die neuen Sandbänke und Lagunen. Beeindruckend die Vorstellung, dass auch unser Standort noch vor 160 Jahren Meer war.

Danach führt der Weg durch Heide und Moorland. An einer Brü-

Der Leuchtturm am Darßer Ort ist 35 Meter hoch

cke folgen wir der Abzweigung zum Nothafen/Ottosee (ansonsten würden wir wieder zum Leuchtturm kommen). Der **Ottosee** ist ein durch Anlandung entstandener Strandsee, der von der NVA in den 60er-Jahren als Militärhafen eingerichtet wurde. Seine jetzige Nutzung als Nothafen ist nicht nur vielen Naturschützern ein Dorn im Auge, zumal er regelmäßig mit viel Aufwand frei gebaggert werden muss. Nachdem wir vom Wikingerturm, einer Aussichtsplattform, die Aussicht genossen haben, führt uns unser Weg in Richtung Nordstrand. Die nächsten 3 km folgen wir dem Strandwanderweg, vorbei am Regenbogen-Camp, bis wir beim ersten großen Strandaufgang nach rechts in den Bernsteinweg und wenig später nach links in die Waldstraße einbiegen.

Darßer Ort

Libbertsee

Tour 3

Eukare

Natureum

Leuchtturm

Ottosee

N

1000 m

W e s t s t r a n d

N e u d a r ß

Mittelwe

Esper Ort

k - Gestell

O s t s e e

Langseer Weg

Raesfeld-Denkmal

Müllerweg

Ehemaliges Meeresufer

D

Tour 4

Großer Stern

V o r d a r ß

Linden

A l t d a

Weg

P *Drei Eichen*

Nation. verwal

NSG Ahrens hooper Holz

Fischerkirche

Born

Ostseebad Ahrenshoop

N

O s t s e e

a n d

★ Seebrücke

Hohe Düne

DarßMuseum

† Seemannskirche

Tour 5

Seebrücke ★

Prerower-Strom

Papensee

★ Ringwall Hertesburg

Ostseebad Prerow

Ostseebad Zingst

S S

Freesenbruch

Schmidt Bülten

Wieck

Darßer Arche Nationalpark-Information

Tour 2

Meiningen-Brücke

Bresewitz

B o d s t e d t e r

B o d d e n

Bliesenrade

Pruchten

4 Wanderung zum Darßer Weststrand

Karte: Seite 128/129
Charakteristik: Leichte Wanderung / Badetour
Strecke: Parkplatz Drei Eichen – Weststrand – Parkplatz Drei Eichen
Entfernungen: mindestens 5 km, bis Esper Ort 12 km (hin und zurück)
Tipp: Proviant mitnehmen

Verschiedene markierte Wanderwege führen quer durch den **Darßwald** zum **Weststrand.** Je nach Kondition kann zwischen kürzeren und längeren Varianten gewählt werden. Auf dem Weg sollte man unbedingt Proviant einstecken, denn in dieser Naturidylle gibt es weit und breit keine gastronomische Einrichtung.

Eine schöne Route beginnt beispielsweise am **Parkplatz Drei Eichen.** Von hier nehmen wir zunächst den Alten Mecklenburger Weg durch den Wald in Richtung Norden, um bald darauf der Ausschilderung gen Weststrand nach Westen zu folgen und den Strand zu erreichen. Am Strand entlang geht es nun nach Norden in Richtung Darßer Ort. Wo der Wald bis an den Strand stößt, zeigen uns umgestürzte Bäume, wie weit die Ostsee bei schweren Stürmen landeinwärts vordringt. Auf die herrschende Windrichtung wiederum weist die Wuchsform der Bäume an der Küste hin. Da der Wind meist aus Westen kommt, sind die Kronen der so genannten Windflüchter nach Osten geneigt.

Esper Ort am Ende des Langseerweges ist der markanteste Punkt am Weststrand. Hier ist der Strand sehr breit und wir finden besonders beeindruckende Exemplare der Windflüchter. Nördlich von **Esper Ort** tritt vor **Darßer Ort** das Hochufer zurück und das Anlandungsgebiet beginnt. Seichte Binnenseen liegen zwischen Strand, Dünen und Wald. Der Teerbrennersee ist der größte von ihnen.

Wie lange man seine Strandwanderung ausdehnen will, hängt ganz von der eigenen Ausdauer ab. Man sollte immer den Rückweg im Kopf haben, der entweder am Strand entlang oder durch den Darßwald genommen werden muss. Immer wieder zweigen landeinwärts Wege ab, die nach einem ca. 10-minütigen Fußweg auf das k-Gestell stoßen. Biegt man hier rechts ab, gelangt man über die Wegekreuzung **Großer Stern** zurück zum Parkplatz Drei Eichen.

Abendstimmung am Darßer Weststrand

5 Wanderung von Zingst zur Hohen Düne bei Prerow und zur Hertesburg

Karte:	Seite 128/129
Charakteristik:	leichte Wanderung auf dem Deichweg und am Prerowstrom entlang
Strecke:	Zingst/Seebrücke – Hohe Düne – Hertesburg – Zingst/Seebrücke
Entfernung:	16 km
Dauer:	etwa 4 Stunden

Wir beginnen unsere Wanderung an der Seebrücke in Zingst und laufen an der Seeseite des Deiches auf einem kleinen Pfad in Richtung Prerow. Die nächsten Kilometer gestalten sich etwas eintönig, da es immer geradeaus geht. Es empfiehlt sich daher, zur Abwechslung einen Teil der Strecke auch direkt am Meer entlangzuwandern. Nach 6 km ist die **Hohe Düne** am Ortseingang Prerows erreicht. Der etwa 14 m hohe markante Aussichtspunkt bietet einen weiten Blick über die Prerower Bucht und den nahen Prerowstrom. Im Westen ist die Landspitze von Darßer Ort zu erkennen. Als nächstes gehen wir wieder ein kleines Stück auf dem Deich bis zum Strandübergang 21 zurück. Wir verlassen den Deich, queren die meist stark befahrene Straße und setzen unseren Weg hinter dem Parkplatz fort (Ausschilderung Hertesburg). Nach einem knappen Kilometer erreichen wir den baumbestandenen Rest der **Hertesburg.** Die ehemalige Slawenburg war im 13. und 14. Jahrhundert Residenz der Rügen-Fürsten. Später wurde sie ein beliebtes Versteck von Seeräubern, denn der Prerowstrom hatte damals noch einen Zugang zur Ostsee. Erhalten geblieben sind Burgwall und Burggraben und eine kleine Holzkapelle.

Ein kleiner Wegweiser zeigt uns den vom Gelände abzweigenden schmalen Wiesenweg, der uns sehr dicht am Prerowstrom entlang nach Zingst leitet. Im Uferschilf, auf dem Strom und in den Moorwiesen am Bodden können wir Kormorane, Reiher und Schwäne beobachten. Im Bodden ist die vorgelagerte Insel Schmidtbülten zu sehen. Nach etwa 2,5 km biegen wir links in den Fischersteig, der uns durch den Freesenbruch führt. Der **Freesenbruch** ist ein auf Moorgebiet gewachsener Bruchwald. Mit seinen rund 2000 Jahren gehört der Forst zu den ältesten Waldgebieten des Zingst.

Über Freesenweg, Waldstraße, Neue Reihe, Bahnhofstraße und Strandstraße gelangen wir zum Ausgangspunkt unserer Tour.

Seebrücke in Zingst

6 Radtour durch die Sundische Wiese nach Pramort

Charakteristik: leichte Radtour, teils durch Wald, teils durch weite Wiesen-
und Weidelandschaft
Strecke: Zingst/Seebrücke – Sundische Wiese – Pramort/Hohe Düne –
Sundische Wiese – Müggenburg – Zingst/Hafen
Entfernung: 30 km
Fahrdauer: 3 Stunden
Einkehrtipps: Restaurant und Biergarten im Hotel Schlösschen Sundische
Wiese
Achtung: Zum Schutz des Kranich-Rastplatzes Sept./Okt. nur einge-
schränkte Besucherzahl auf den Beobachtungsplattformen
am Pramort möglich (Kranichbeobachtung ▸ Seite 137)
Tipp: Fernglas nicht vergessen! (Kann auch in der Kurverwaltung
geliehen werden.)

Wir beginnen unsere Tour an der Seebrücke im Ostseebad Zingst
und fahren auf dem Deich in Richtung Osten. Rund 800 m hinter
Zingsthof biegen wir rechter Hand in die Müggenburger Schneise
ab – gut zu erkennen an der Wegmarkierung mit einer Möwe auf
blauem Grund. Gleich bei der nächsten Kreuzung schwenken wir
nach links in den Kavaliersweg, der uns durch den Osterwald zur
Wegkreuzung „Dreiländereck" führt. Noch heute markiert hier ein
Grenzstein aus dem Mittelalter den Punkt, an dem die Besitzungen
der Städte Barth und Stralsund sowie des Amtes Barth aufeinan-
der stießen. Vom Dreiländereck halten wir uns – ständig im Wald
– halb links und erreichen nach 1,5 km auf einem kerzengerade
verlaufenden, schmalen Betonweg den Parkplatz **Sundische Wiese.**
Im dortigen Hotel-Restaurant können wir eine Rast einlegen.
Etwa 200 m hinter dem Parkplatz stoßen wir auf das Informationszentrum Sundische Wiese (▸ Seite 91), dessen Ausstellung
ausführliche Informationen über diesen Teil des Nationalparks lie-
fert. Nach dem Besuch geht es weiter auf einer schnurgeraden, 8 km
langen Betonstraße durch die Sundische Wiese nach Pramort und
zur Hohen Düne. Der Weg gestaltet sich über eine längere Strecke
etwas monoton: Rechts dehnt sich eine flache Wiesenlandschaft
aus. Links liegt ein zwischen 1937 und 1992 militärisch genutztes
Gelände, das lange mit Kampfmittelreserven belastet war.
Endpunkt der endlos erscheinenden Betonpiste ist **Pramort.** Hier
stellen wir unsere Räder ab und gehen zu Fuß weiter. Von der erhöhten Aussichtshütte bietet sich ein wundervoller Ausblick auf die
sanfte Boddenlandschaft und die vorgelagerten Inseln. Sehr weit
östlich kann man bei guter Fernsicht Hiddensee entdecken. Das

Kranich-
Beobachtungs-
Plattformen

Pramort

Hohe Düne

Ostsee

Vorpommersche

Boddenlandschaft

Nationalpark

Z I N G S T

Informationszentrum
Sundische Wiese

Sundische

Wiese

Große Wiek

1000 m

Dreiländereck

Grenzsteine

Grenzsteine

O s t e r -

W a l d

Kavaliers-

Weg

Müggenburg

Kleine Wiek

B a r t h e r

B o d d e n

Ole

Tour 6

Zingsthof

Große
Kirr

**Ostseebad
Zingst**

N

Vogel des Glücks: Kranich

seichte Wassergebiet ist einer der bedeutendsten **Kranich-Rastplätze** Europas. Im Frühjahr und Herbst kann man ein einzigartiges Naturschauspiel beobachten (▸ Seite 137).

Auf einem schmalen Deichweg geht es nun noch 1,5 km in nördlicher Richtung bis zur Hohen Düne. Mit ihrem 12 m hohen und über 2 km langen Weißdünenmassiv zählt sie zur mächtigsten waldfreien Düne Deutschlands. Zwei weitere Beobachtungsplattformen finden wir hier vor, die wegen ihrer tollen Aussicht beide besucht werden sollten.

Von hier treten wir den Rückweg an, schnappen unsere Räder am Pramort und folgen dann der gleichen Route bis zum Parkplatz Sundische Wiese. Von dort führt unsere Route über die nur wenig befahrene Landstraße, die am Rand des Osterwalds nach Südwesten verläuft. Zwischen einigen ländlichen Anwesen können wir über Kopfsteinpflaster links auf dem Deich bis zum Wiekufer des Boddens fahren und den reizvollen Ausblick auf Vogelinseln und über den Bodden nach Barth von hier erleben. Unser Weg führt uns weiter auf der Landstraße an Müggenburg vorbei zum Deich, auf dem wir schließlich wieder zur Seebrücke gelangen.

Tipps zur Kranichbeobachtung

Zweimal im Jahr spielt sich in der Boddenregion das einzigartige Schauspiel ab: Bis zu 45 000 Kraniche machen hier im Frühjahr (zwischen Mitte Februar und Mitte März) und Herbst (September/Oktober) auf ihrem Flug zu den Brutstätten oder in die Winterquartiere Station. Die Kraniche bleiben auf ihrer Reise in wärmere Gefilde oft wochenlang, der Frühlingszug verläuft meist ohne längeren Aufenthalt. Durch den Frühjahrszug haben die Kraniche den Beinamen „Vogel des Glücks" erhalten. Diese Bezeichnung stammt aus Schweden und basiert darauf, dass mit dem Kranich Wärme, Licht und Nahrungsfülle zurückkommen.

Tagsüber kann man die Tiere auf den boddennahen Wiesen und Feldern beobachten. Doch Vorsicht: Ihre Fluchtdistanz liegt schon bei weit über 300 Metern! Wenn mehrere Tiere einer Gruppe gleichzeitig die Köpfe heben, ist dies ein sicheres Zeichen dafür, dass die Vögel sich gestört fühlen. Panik und Flucht verbrauchen unnötig Energie. Diese brauchen die Tiere aber, um die nächste Etappe von ihren 4000 bis 12 000 km langen Flugrouten durchzuhalten. Ein besonderes Spektakel ereignet sich zur Dämmerung, wenn zehntausende Kraniche von ihren Fressplätzen auf dem Festland mit schrillen Trompetenschreien zu ihren Schlafplätzen auf dem Wasser fliegen.

Gute Orte zur Beobachtung des abendlichen Einflugs der Vögel sind die Beobachtungsplattformen am Pramort/Ostzingst. Sie wurden von der Nationalparkverwaltung eingerichtet, um eine Störung der Tiere zu verhindern und die nötige Distanz zu garantieren. Sie sollten den Beobachtungsort schon vor dem Kranicheinflug aufsuchen und erst, nachdem alle Kraniche an ihren Schlafplätzen eingetroffen sind, wieder verlassen.

Hinweis: Die Plattformen befinden sich ca. 8 km vom Eingang zur Sundischen Wiese entfernt (Radtour ▸ Seite 134). Die Zahl der Besucher ist zu dieser Zeit eingeschränkt (max. 80 Personen) und kostenpflichtig. Karten sind bei der Informationseinrichtung Zingst/Sundische Wiese erhältlich, Informationen unter Tel (03 82 34) 50 20. Fernglas nicht vergessen! Ferngläser können auch im Kranichshop bei der Kurverwaltung geliehen werden. Autoanfahrt ist nur bis zum Parkplatz Sundische Wiese möglich. Von dort zu Fuß oder per Rad (▸ Seite 134). Fahrräder können auch im Hotel Schlösschen Sundische Wiese geliehen werden.

7 Radtour von Zingst nach Barth

Charakteristik:	leichte Radtour ausschließlich auf Radwegen getrennt vom Straßenverkehr
Strecke:	Zingst/Hafen – Meiningenbrücke – Pruchten – Barth (gleiche Strecke zurück)
Entfernung:	26 km (hin- und zurück)
Dauer:	etwa 3 Stunden Fahrzeit
Tipp:	Auf dem Rückweg können Sie auch die Fähre von Barth nach Zingst nehmen (Bootsfahrten ▸ Seite 95).
Achtung:	Während der Brückenöffnungszeiten ist die Drehbrücke für 45 Min. nicht passierbar (▸ Seite 26)!

Unsere Tour beginnt am Hafen von Zingst. Von hier aus folgen wir dem Radwanderweg „Südlicher Boddenweg" zunächst auf dem Deich in Richtung Südwesten. Weithin ist die grüne Landschaft am Bodden zu sehen. Der Weg biegt nach einigen Minuten nach rechts ab. Wir folgen ihm, überqueren die Barther Straße, um nach ungefähr 200 Metern wieder nach rechts auf den Radweg nach Barth abzuzweigen. Auf der rechten Seite breitet sich der Freesenbruch (▸ Seite 132) aus und links verläuft die Landstraße. Kurz darauf erreichen wir die 470 m lange **Meiningenbrücke** (▸ Seite 101), die Verbindung zum Festland. Von der Brücke haben wir freien Blick auf den Bodstedter Bodden und den Zugang des Barther Boddens. Die Wegführung ist an dieser Stelle etwas unübersichtlich. Vor der Drehbrücke wechseln wir auf die linke Straßenseite, hinter der Brücke geht es aber wieder rechts weiter. Auf dem asphaltierten Radweg längs der im Jahr 1945 stillgelegten Darßbahn fahren wir weiter nach Süden bis zur Landstraße. Das tief gelegene Gelände wird durch einen Damm auf Stelzen überwunden. Unser Weg führt vorbei am **Galerie-Bahnhof Bresewitz** mit seiner Ausstellung zur Darßbahn und weiter durch die Ortschaft **Pruchten**. Nach wenigen Kilometern erreichen wir die Landstraße, die im Linksbogen über den Barther Ortsteil Tannenheim nach **Barth** führt. Der Kirchturm von Barth und das Dammtor sind nun unverkennbar am Horizont zu sehen. Auf der Barther Straße führt uns unser Weg durch das Dammtor direkt zum Marktplatz von Barth (▸ Seite 98).

Der Rückweg wird auf der gleichen Strecke zurückgelegt.

1000 m

Seebrücke
Ostseebad Zingst

Oster-

Wald

Strom

Z i n g s t e r

Große Kirr

Klein Kirr

Freesen-
bruch

Brunst-
werder

Meiningen-Brücke

Bresewitz
Galerie-Bahnhof Bresewitz

Oie

Tour 7

B a r t h e r

B o d d e n

Pruchten

Barther Strom

Barth-
Tannenheim

Dammtor   † *Marienkirche*

Barth

8 Radtour durch die Rostocker Heide

Charakteristik: leichte Rundtour über teils sandige oder Betonwege
Strecke: Graal-Müritz – Hirschburg – Klockenhagen – Hirschburg –
Jagdschloss Gelbensande – Köhlerhaus Wiethagen –
Hinrichshagen – Graal-Müritz
Entfernung: ca. 35 km
Dauer: etwa 3 bis 4 Stunden ohne Besichtigungen

Ausgangspunkt für unseren Rundkurs ist der Bahnhof **Graal-Müritz.** Von hier geht es auf dem straßenbegleitenden Radweg entlang der Birkenallee etwa 500 m in nördlicher Richtung und weiter auf der Ribnitzer Straße in östlicher Richtung über Müritz nach **Klein Müritz** (ca. 4 km). Von hier ist ein Abstecher nach Neuheide zum Pilzmuseum und dem Infozentrum Wald & Moor (▸ Seite 111) möglich. Wir biegen am ersten Haus in Klein Müritz rechts in einen Weg ein, der in den Wald führt. Der Weg ist weiß-blau-weiß mit dem Zusatz A–Z markiert und dient gut zur Orientierung in der Rostocker Heide. An einer Waldwegkreuzung mit Schranke, die nur Wanderbeschilderungen aufweist, fahren wir links und gelangen so nach **Neu Hirschburg.** Von hier aus ist über die Straße in 2,5 km das **Freilichtmuseum Klockenhagen** erreichbar (▸ Seite 119). Nach der Besichtigung radeln wir auf dem gleichen Weg zurück bis nach Neu Hirschburg, halten uns im Dorf links. Am Dorfende biegen wir wieder links ab auf einen Betonstreifenweg, den Hirschburger Landweg, der uns nach **Gelbensande** führt. Kurz darauf schimmert bereits das Jagdschloss Gelbensande durch die Bäume. Im Ort biegen wir links in den Lindenweg ein und erreichen so das Jagdschloss (▸ Seite 112). Nach unserer Besichtigung durchqueren wir den alten Ortskern von Gelbensande und radeln in westlicher Richtung in die Rostocker Heide bis zu Meyers Hausstelle. Von dort geht es weiter auf einem sandigen Forstweg 3,5 km Richtung **Wiethagen** mit seinem rekonstruierten **Köhlerhof** (▸ Seite 111). Nach unserer Besichtigung geht es auf dem weiß-blau-weißen A-Z-Weg über die Bahnlinie zum Dorf Wiethagen. Am alten ehemaligen Stadtforstamt Rostock auf der Dorfstraße biegt der Rundweg rechts zum Waldrand ab, wo wir wiederum nach links in die Wiethäger Schneise einbiegen. Auf dem schmalen Eichenweg gelangen wir nach **Hinrichshagen** mit der beliebten Gaststätte Schinkenkrug. Auf deren Rückseite biegen wir nach rechts Richtung Markgrafenheide, radeln auf dem gut ausgebauten Radweg ca. 1,5 km, bis es nach rechts in einen schönen Waldweg geht, der gut ausgeschildert sowie wunderbar zu fahren ist und uns direkt nach Graal-Müritz zurückbringt.

Klockenhagen

Freilichtmuseum Klockenhagen

Altheide

Willershagen

Behnkenhagen

Neuheide

Neu Hirschburg

Klein Müritz

Jagdschloss Gelbensande

Gelbensande

B 105

Rövershagen

Heide

Meyers Hausstelle

Ostseebad Graal-Müritz

Müritz

Graal

Rostocker

Wiethagen

Seebrücke

Torf- brücke

Niederhagen

Tour 8

Wiedort

Hinrichshagen

1000 m

N

NSG

Heiligensee

Hütelmoor

Markgrafenheide

IMPRESSUM

2., vollständig überarbeitete
Auflage 2009
© via reise verlag Klaus Scheddel
Alle Rechte vorbehalten

Text und Recherche
Maja Kunze

Bearbeitung und Recherche 2009
Tanja Onken

Redaktion
Klaus Scheddel, Tanja Onken

Fotos
Maja Kunze, außer:
Amt für Wirtschaft, Tourismus und
Forst Ribnitz-Damgarten 23, 103, 113,
117; Kurverwaltung Dierhagen 22, 38,
40; Nicole Menke 78; Stadt Barth 97,
98; Heinz Teufel 14, 90, 93, 133;
Tourismusverband Fischland-Darß-
Zingst (Jürgen Engler) 4-5, 10-11, 26,
30, 83, 86-87, 120-121, 131, 136

Layout und Gestaltung
Tanja Onken via reise verlag

Kartografie
Tanja Onken via reise verlag

Druck
Westermann Druck Zwickau GmbH

ISBN 978-3-935029-33-9

DIE AUTORIN

Maja Kunze, geboren 1974, lebt als freie Reisebuchautorin in Berlin. Die
studierte Germanistin kennt und liebt die Ostseeküste seit ihrer Kindheit.
Für den via reise verlag hat sie auch die Reiseführer „Usedom–Rügen–Darß"
und „Ostseeküste Mecklenburg" verfasst.

Autorin und Verlag bedanken sich bei allen, die sie mit Tipps unterstützt
haben.